"十二五"国家重点图书出版规划项目

文化系列

妙因寺史话

A Brief History of Miaoyin Temple

张静岩 编著

社会科学文献出版社
SOCIAL SCIENCES ACADEMIC PRESS (CHINA)

《妙因寺史话》编辑委员会

总　序

　　中国是一个有着悠久文化历史的古老国度，从传说中的三皇五帝到中华人民共和国的建立，生活在这片土地上的人们从来都没有停止过探寻、创造的脚步。长沙马王堆出土的轻若烟雾、薄如蝉翼的素纱衣向世人昭示着古人在丝绸纺织、制作方面所达到的高度；敦煌莫高窟近五百个洞窟中的两千多尊彩塑雕像和大量的彩绘壁画又向世人显示了古人在雕塑和绘画方面所取得的成绩；还有青铜器、唐三彩、园林建筑、宫殿建筑，以及书法、诗歌、茶道、中医等物质与非物质文化遗产，它们无不向世人展示了中华五千年文化的灿烂与辉煌，展示了中国这一古老国度的魅力与绚烂。这是一份宝贵的遗产，值得我们每一位炎黄子孙珍视。

　　历史不会永远眷顾任何一个民族或一个国家，当世界进入近代之时，曾经一千多年雄踞世界发展高峰的古老中国，从巅峰跌落。1840 年鸦片战争的炮声打破了清

帝国"天朝上国"的迷梦，从此中国沦为被列强宰割的
羔羊。一个个不平等条约的签订，不仅使中国大量的白
银外流，更使中国的领土一步步被列强侵占，国库亏
空，民不聊生。东方古国曾经拥有的辉煌，也随着西方
列强坚船利炮的轰击而烟消云散，中国一步步堕入了半
殖民地的深渊。不甘屈服的中国人民也由此开始了救国
救民、富国图强的抗争之路。从洋务运动到维新变法，
从太平天国到辛亥革命，从五四运动到中国共产党领导
的新民主主义革命，中国人民屡败屡战，终于认识到了
"只有社会主义才能救中国，只有社会主义才能发展中
国"这一道理。中国共产党领导中国人民推倒三座大
山，建立了新中国，从此饱受屈辱与蹂躏的中国人民站
起来了。古老的中国焕发出新的生机与活力，摆脱了任
人宰割与欺侮的历史，屹立于世界民族之林。每一位中
华儿女应当了解中华民族数千年的文明史，也应当牢记
鸦片战争以来一百多年民族屈辱的历史。

　　当我们步入全球化大潮的21世纪，信息技术革命迅
猛发展，地区之间的交流壁垒被互联网之类的新兴交流
工具所打破，世界的多元性展示在世人面前。世界上任
何一个区域都不可避免地存在着两种以上文化的交汇与
碰撞，但不可否认的是，近些年来，随着市场经济的大
潮，西方文化扑面而来，有些人唯西方为时尚，把民族
的传统丢在一边。大批年轻人甚至比西方人还热衷于圣

诞节、情人节与洋快餐，对我国各民族的重大节日以及中国历史的基本知识却茫然无知，这是中华民族实现复兴大业中的重大忧患。

中国之所以为中国，中华民族之所以历数千年而不分离，根基就在于五千年来一脉相传的中华文明。如果丢弃了千百年来一脉相承的文化，任凭外来文化随意浸染，很难设想13亿中国人到哪里去寻找民族向心力和凝聚力。在推进社会主义现代化、实现民族复兴的伟大事业中，大力弘扬优秀的中华民族文化和民族精神，弘扬中华文化的爱国主义传统和民族自尊意识，在建设中国特色社会主义的进程中，构建具有中国特色的文化价值体系，光大中华民族的优秀传统文化是一件任重而道远的事业。

当前，我国进入了经济体制深刻变革、社会结构深刻变动、利益格局深刻调整、思想观念深刻变化的新的历史时期。面对新的历史任务和来自各方的新挑战，全党和全国人民都需要学习和把握社会主义核心价值体系，进一步形成全社会共同的理想信念和道德规范，打牢全党全国各族人民团结奋斗的思想道德基础，形成全民族奋发向上的精神力量，这是我们建设社会主义和谐社会的思想保证。中国社会科学院作为国家社会科学研究的机构，有责任为此作出贡献。我们在编写出版《中华文明史话》与《百年中国史话》的基础上，组织院内外各研究领域的专家，融合近年来的最新研究，编辑出版大型历史知识系列丛书——《中国史话》，其目的就在于为广大人民群众尤其是青少年提供一套较为完整、准确地介绍中国历史和传统文化的普及类系列丛书，从而使生活在信息时代的人们尤其是青少年能够了解自己祖先的历史，在东西南北文化的交流中由知己到知彼，善于取人之长补己之短，在中国与世界各国愈来愈深的文化交融中，保持自己的本色与特色，将中华民族自强不息、厚德载物的精神永远发扬下去。

《中国史话》系列丛书首批计200种，每种10万字左右，主要从政治、经济、文化、军事、哲学、艺术、科技、饮食、服饰、交通、建筑等各个方面介绍了从古至今数千年来中华文明发展和变迁的历史。这些历史不仅展现了中华五千年文化的辉煌，展现了先民的智慧与创造精神，而且展现了中国人民的不屈与抗争精神。我们衷心地希望这套普及历史知识的丛书对广大人民群众进一步了解中华民族的优秀文化传统，增强民族自尊心和自豪感发挥应有的作用，鼓舞广大人民群众特别是新一代的劳动者和建设者在建设中国特色社会主义的道路上不断阔步前进，为我们祖国美好的未来贡献更大的力量。

陈奎元

2011 年 4 月

出版说明

自古至今，始终坚持不懈地从漫长的文明进程中不断总结历史经验教训，从中汲取有益营养，从而培植广阔的历史视野，并具有浓厚的历史意识，这是我们中国文化独有的鲜明特征，中华民族亦因此而以悠久的"重史"传统著称于世。在整个人类文明史上独一无二、系统完备的"二十四史"即证明了这一点。

中华人民共和国成立后，历史知识普及工作被放到十分重要的位置。20世纪五六十年代，著名历史学家吴晗主持编写的《中国历史小丛书》，90年代中国社会科学院院长胡绳组织编写的《中华文明史话》和《百年中国史话》，成为"大家小书"的典范，而后两套历史知识普及丛书正是《中国史话》之缘起。

2010年年初，为切实贯彻中央关于"做好历史知识普及工作"的指示精神，同时也为了更好地弘扬中国传统文化，我们对《中华文明史话》和《百年中国史话》

两套丛书的内容进行了修订和增补，重新设计框架，以"中国史话"为丛书名出版。第十一届全国政协副主席、时任中国社会科学院院长陈奎元亲任《中国史话》一期编委会主任，时任中国社会科学院副院长武寅任编委会副主任。正是有了各级领导的关心支持和诸多学术名家的积极参与，《中国史话》一期200种图书得以顺利出版，并广受好评。

《中国史话》丛书的诞生，为历史知识普及传播途径的发展成熟，提供了一种卓具新意的形式。这种形式具有以通俗表述、适中篇幅和专题形式展现可靠历史知识的特征。通俗、可靠、适中、专题，是史话作品缺一不可的要素，也是区别于其他所有研究专著、稗官野史、小说演义类历史读物的独有特征。

囿于当时条件，《中国史话》一期的出版形式不尽如人意，其内容更有可以拓展的广阔空间，为此2013年4月我们启动了《中国史话》二期出版工作。《中国史话》二期分为经济、政治、文化、社会和生态五大系列，拟对中国各区域、各行业、各民族等的发展历史予以全方位介绍。我们并将在适当时机，启动《世界史话》的出版工作。史话总规模将达数千种。

我们愿携手海内外专家学者，将《中国史话》《世界史话》打造成以现代意识展现全部人类历史和人类文明，集学术性、知识性、趣味性于一体的"万有文库";并将承载如此丰厚内容的史话体写作与出版努力锻造成新时期独具特色的出版形态。

希望史话丛书能在形塑民族历史记忆、汲取人类文明精华、培育现代国民方面有所贡献，并为广大读者所喜爱。

史话编辑部

2014 年 6 月

目 录
Contents

序

　　《妙因寺史话》是大型历史文化丛书《中国史话》文化系列中的一本，以弘扬传承寺庙历史文化为宗旨。妙因寺作为全国知名寺庙之一，有缘入选这项"十二五"国家重点图书出版规划项目，值得自豪和骄傲。经过编撰人员的努力，《妙因寺史话》编撰工作圆满完成，得以正式出版。作为该书的编委会主任，我感到十分欣慰。借本书出版之际，谈一下自己的感受。

　　首先，我要感谢郭尔罗斯的一方佛教信众。自妙因寺开光以来，信众们热心礼佛、互相虔诚以待，十多年来，妙因寺的香火持续繁盛，查干湖旅游区的游人有增无减，使得妙因寺佛光日日增辉，人心净化，众僧人、居士慈悲之心共勉，利乐有情。

　　自16世纪中叶藏传佛教第二次传入蒙古高原开始，蒙古族民众就与藏传佛教结下了不解之缘。数百年来，不管华夏大地如何变化，佛教思想、佛教文化对蒙古族的影响没有改变。佛教的观念、内容已经渗透到蒙古民众的价值观念、道德规范、思维程式和行为方式之中，积淀成一种深层、独特的文化心理结构。妙因寺佛教道场，不仅满足了广大蒙古族信众的信仰需求，同时实现了其他民族信仰佛教的愿望，促进了各民族信众的团结和谐。

其次，坚持爱国爱教是我们每一个僧人的必修。中国佛教历史证明，只有爱国爱教，佛教才能昌盛。自从统一的汉王朝佛教传入中国，大唐王朝的兴盛带来了佛教的兴盛，清代康雍乾盛世带来了佛教的盛世。特别是改革开放后中国的繁荣，也带来了佛教事业的繁荣。没有国家的统一、繁荣、富强，就没有佛教的兴旺。自妙因寺开光以来，我看到的是信众们和谐相处、居士们善念虔诚。在国富民安的环境中，妙因寺也为查干湖的旅游事业和郭尔罗斯的经济繁荣做出了贡献。

我还要感谢郭尔罗斯的文史工作者们。自妙因寺恢复重建起，他们就不辞辛苦、不遗余力地挖掘和研究妙因寺的历史、文化，在郭尔罗斯地方历史文献中搜集整理出已经尘封近百年的寺庙资料，恢复了妙因寺的历史，增加了妙因寺历史文化的厚重感，让我们这些僧人由衷地感到荣幸和骄傲。愿妙因寺吉祥，愿郭尔罗斯更加繁荣兴旺。

《妙因寺史话》是弘扬传承本寺历史文化的形象载体，是本寺僧人、广大信众全面了解我寺历史文化的普及读本。同时，也有助于社会各界用较少的时间清晰地了解我寺的历史发展过程，使佛教"爱国爱教、弃恶扬善、崇尚和谐、祈求和平"的优良传统得以传承发扬，从而促进社会的和谐。本书的编撰出版可以说功在当代，惠及后世！

本书付印前，承蒙《中国史话》编辑委员会专家学者们惠予审阅、悉心指导，在此，谨致深切的感谢！

格桑隆多

2014 年 4 月

一　寺庙概述

1　历史上的妙因寺

妙因寺，坐落在吉林省西部前郭尔罗斯蒙古族自治县境内的查干湖畔，是吉林省内唯一一座藏传佛教寺庙。

妙因寺背依青翠的敖包山，面朝蓝莹莹的查干湖，坐北朝南，松柏杨柳簇拥，碧瓦白墙映衬，殿阁楼台错落，佛塔金顶争辉。从湖面远远望去，妙因寺在一片盛开的莲花丛中被托起。湖岸边，芦苇荡漾，柳丝摆动，鸭雁齐飞，荷香雀语。寺内每日晨钟暮鼓，香烟缭绕，诵经声不绝于耳，真可谓"鹊和梵呗居士乐，柳拂湖波大地春"。

妙因寺始建于乾隆二十年（1755），由妙因寺第一任"沙布隆"活佛云丹扎木苏所建，经历代活佛增修扩建，至宣统年间（1909～1911），已经形成占地约六公顷，包括两座佛殿、一座活佛斋院、僧房五百余间的大型建筑群。

妙因寺，其名取自佛经"妙因斯满，极果顿圆"一语。妙因，"乃绝妙之行因""菩萨之大行也"，是菩萨修行的最高果位。乾隆二十年（1755），"沙布隆"云丹扎木苏活佛为祝贺乾隆皇帝寿辰，在查干湖畔建此妙因寺，后报清理藩院，乾隆皇帝赏赐满、蒙、藏、汉四种文字匾额，并将云丹扎木苏活佛纳入京师六十呼图克图，参加"洞礼经"值班。

据有关资料记载，妙因寺原主建筑平面呈"品"字形，前面有两座大型佛殿，后面为活佛斋院，周围是众僧房。两座佛殿均为九九八十一间的殿堂，左边一座为藏式平顶建筑，斜墙小窗，黄色的墙面上部有棕红色边玛墙，殿门前有六根方形大柱，柱头雕有狮头瑞兽，门框四周雕有七珍八宝和卷曲的莲叶纹。右边经堂为汉藏结合式建筑，下面两层为藏式，第三层为大屋檐汉式建筑，飞檐翘角、铁马铜铃，檐下排排斗拱彩绘艳丽、富丽堂皇。两座佛殿各为一院，一为妙因寺经堂，一为福兴寺经堂，外有高墙相围，前为山门殿。山门前有两匹泥马，一红一黄分站山门旁，殿内供俸关帝伽蓝大护法，左有关平，右有周仓，持刀凶凶而立，威严肃穆。在两座大殿的后面有活佛斋院，是一座二层平顶藏式小楼，内设小佛堂和活佛起居室，二楼藏经。几代活佛皆住此处。

在三座建筑的周边，建有北仓、东仓、西仓。北仓是总管喇嘛住所，总管喇嘛负责全寺和活佛斋院的经济管理。地租收取、接收布施，"庙奴"和佃户的管理，车马、畜群等的经济收入、支出皆归北仓管理。西仓和东仓住有扎甫喇嘛，负责主持寺庙的宗教活动，如法会、诵经、戒律、民间超度等僧人日常活动。

妙因寺原有度牒喇嘛 51 人，除活佛外，有扎甫大喇嘛、辅佐大喇嘛各 1 人。以下有德木其喇嘛（大总管）负责寺庙行政社会事务；格卜惠喇嘛（戒律喇嘛，也称铁棒喇嘛）负责寺庙戒律；翁斯达喇嘛（经头）负责教经诵经；涅尔巴喇嘛负责财务管理和寺庙日常管理。在这些喇嘛之下，又设高尼日喇嘛负责香火管理；恨巴喇嘛负责殿宇、僧舍管理；扎么喇嘛负责舍饭、赈济等；高尼格尔喇嘛负责祭祀供品管理；笔帖式喇嘛负责账目及文书往来等。这些喇嘛以下，才是一般喇嘛。妙因寺喇嘛在历史上最多时将近百人。据清末《郭尔罗斯前旗报告书》记载，妙因寺有庙地 605 垧，分布在旗北部，全部出租给佃农或附近农牧民，所得租金全数收归寺内；除钱款外，还有粮食、牛羊、马匹等；每年另由旗扎萨克公爷府（即后来的王府）发给香资钱 200 吊。妙因寺经济充足、香火繁盛，名声远赴东蒙古地区及辽宁、吉林、黑龙江三省。

2 新建妙因寺

1946 年，东北地区土地改革运动兴起，占据大量土地的寺庙成为当地农会斗争的对象之一。翻身农牧民先将庙地收归农会，分给广大农牧民，又将寺庙内僧人遣散。妙因寺被拆毁，佛教活动停止。

　　2000 年，经吉林省民族宗教局批准，在查干湖经济旅游开发区恢复重建妙因寺。重建前，当地充分查阅了前郭尔罗斯的寺庙历史档案，调查了原妙因寺健在的僧人和当地耆旧乡里，结合查干湖地区的地理环境，在北京雍和宫拉西仁钦大师指导下设计规划出新的妙因寺。

　　新建妙因寺距原遗址 1.5 公里，依山面水，占地六公顷。寺内分三进院落，建筑总面积 6999 平方米。寺庙主体建筑依照中国传统伽蓝七堂风格、中轴对称式格局，依次为山门殿、天王殿、大雄宝殿、万佛殿。两侧为法物流通处、钟楼鼓楼、东西配殿、护法殿和菩萨殿等。在大雄宝殿前广场的西侧，有藏传覆钵式白塔两座，左为长寿塔，右为平安塔。在平安塔和万佛殿后，分别建有伯颜敖包和额尔德尼敖包。主院东南隅建有龙王庙。

长寿塔

平安塔

　　妙因寺建筑为汉藏结合式，白墙、绿瓦、大屋檐、金顶，棕红色的边玛墙映衬着金色的庙徽、宝顶、法轮和法幢，金碧辉煌，富丽庄严。从湖岸边广场拾阶而上，高高的山门殿前悬挂着由蒙、藏、满、汉四种金色文字镌刻而成的"妙因寺"木雕斗匾，蓝色的斗匾周围镂空刻有祥云团龙图案。山门两侧

妙因寺山门

仁立着两根高高的玛尼杆，杆上经幡招展、彩缎飘扬。玛尼杆下，两座汉白玉石狮相向而立，守护着佛门。

山门殿为二层建筑，一层藏式，斜边白墙，三座红色高大的寺门镶嵌着金色的铜钉、兽环。二层汉式，飞檐翘角，铁马铜铃。山门殿内中央立一大型玛尼筒，外饰兽头缨络梵文六字真言，内装经文十万卷，供广大信徒和游人转动，保佑人们平安吉祥。

进山门第一层殿为天王殿，殿上横匾书写着"法轮常转"四个金字。殿前巨大的铜香炉后有16级台阶，登上台阶才能进入天王殿。天王殿供奉着人们喜爱的大肚弥勒佛，他盘膝坐于香案后莲花台上，满面笑容，手提布袋，"笑口常开""腹中容事"，迎接着每位布施的信徒和游人。大殿两侧则立着东方持国天王、南方增长天王、西方广目天王、北方多闻天王，四天王金盔金甲，各执手中法器，凶凶而立于法台之上。弥勒佛后则立有金身护法韦陀，他面朝大雄宝殿的佛祖，双手合十，横杆于胸前。

大雄宝殿是寺内第二层院落，殿前有石栏围成的广场，广场中央矗立着4.99米高的铜香炉。香炉为三足圆形宝鼎底座，六角阁楼式炉身，五层重檐，雄伟华美，铸造精细，不失为一件珍品。大雄宝殿坐落在3米高的白色台基上，殿高19.99米。通过殿前19级台阶登上台基，殿周围是由白色汉白玉栏杆围成的转经道。大殿第一、第二层为藏式平顶建筑，斜墙、小窗，正面墙上镶嵌着两个巨大的铜质庙徽，白色的星星梢映衬着棕红色边玛墙，31面铜镜在边玛墙上闪闪发光。在大殿第二层顶上的四角分别耸立着金色的法幢和黑色的苏鲁锭，正面装有高大的法轮和相向的卧鹿，象征着佛法无边、众生向佛。

大雄宝殿

大殿面阔9间，进深9间，在6根方形红色大柱的相衬下开启三座殿门。殿门廊下两侧绘有藏传佛教四大金刚神像，8个玛尼筒分列殿门两旁。玛尼筒由"嗡""嘛""呢""叭""咪""吽"六字梵文真言装饰，内装经文，供游人信众随手转动。走进大殿，殿内有50根方柱支撑，中间为天井，直通三楼。朱柱上雀替斗拱梁坊俱全，天棚上彩绘有七珍八宝、狮头瑞兽、六字真言、莲花蝙蝠、龙凤呈祥等图案，色

万佛殿顶法轮

彩绚丽，金银铺就其间，显得富丽堂皇。大殿第三层为汉式歇山顶、大屋檐构架，檐下斗拱排排，殿角风铃叮咚，黄灿灿的殿顶上金箔耀眼。殿脊镶嵌着巨大的葫芦形宝鼎，与法轮、卧鹿、法幢等共同构成藏传佛教寺院的异域风格。

万佛殿殿门

大雄宝殿主供金身三世佛，即过去佛燃灯古佛、现在佛释迦牟尼佛、未来佛弥勒佛。佛前站着阿难、迦叶二尊者，两旁为观世音、文殊二菩萨，殿两侧列着十八罗汉。在大殿四周墙壁上，绘有18幅藏传佛教唐卡式大型壁画，众金刚、菩萨、五大护法、白绿度母都在其中，个个造型怪异，形象栩栩如生。天棚上六字大明咒图饰，梁柱上五彩经幡经幢，酥油灯光闪动，弥漫着缭绕的香烟，佛殿内充满了神秘、肃穆的宗教气氛。

大雄宝殿内众僧诵经

最后一层大殿是万佛殿，也称大佛殿，是全寺最高、最大的佛殿。大殿三层藏有佛经，又被称为藏经阁。此殿外有两层台基，由汉白玉栏杆相围，在一层台基形成的转经道旁，有108个玛尼筒，殿前27级台阶直通殿门。大殿第一层为平顶藏式建筑，第二、第三层为汉式大屋檐歇山顶建筑，总高27.99米，面阔11间，进深11间，占地2000平方米。大殿内有36根方柱支撑，直通楼顶。殿内塑有金漆木雕立佛，高

18.99 米，立在莲台上，是千手千眼观世音菩萨像，其法身为东北室内第一高立佛。

万佛殿千手观音

在大佛周围，辟有一万座佛龛，龛内由居士供养着万尊四臂观音。进入佛殿，仰望四周，尽在金身大佛的俯视下，彩幢高悬，佛光普照，慈云密布，意境清宁，心神净化，顿觉进入佛的世界。

万佛殿前东西配殿为菩萨殿、护法神殿，供养着藏传佛教密宗八大菩萨、五大护法以及长寿三尊等。

在寺庙东南隅，建有龙王庙，为汉式歇山顶建筑，面阔3间，外有汉白玉栏柱相围，栏柱上雕有各式纹龙118条。殿前台阶中间有一汉白玉云龙深浮雕石，长2米，宽2.5米，上雕二龙戏一珠，云水相间，刻工精细，独具匠心。为保前郭尔罗斯风调雨顺、五谷丰登、六畜兴旺，这里一年四季香火不断。

在妙因寺西区查干湖岸边，有鸿鹄楼，楼高24米，为五层楼阁式建筑，红墙黄瓦，内供佛像30余尊。楼顶层内设一铜钟，悬于阁顶，钟声一响，方圆数十里皆能听到。站在阁上，可观望查干湖三面水域，浩浩荡荡、茫茫渺渺一片水乡，是观湖的最佳地点。

在鸿鹄楼北侧，拟建五百罗汉塔，金刚塔造型，内塑五百罗汉深山修行像，将为妙因寺增添新的道场。

3 妙因寺外四景

妙因寺地处圣水湖畔，除秀美的湖光山色外，周围有四处名胜古迹——"青山头人"出土地、辽帝春捺钵地、辽金重镇塔虎城、库里满蒙文石碑，与妙因寺共同积淀了前郭尔罗斯深厚的历史文化。

青山头，像一条巨蟒横卧在查干湖东岸，高兀突起，绿树葱葱，这里是一万年前"青山头人"活动的地方。早在清朝中叶，人们在这里经常发现"龙骨"，有人拿其镇宅，有人拿其人药，并留下了很多神话传说。1982 年，这里发现古人类胫骨化石，被考古界命名为"青山头人"。1983 年，又在这里发现细石器，如石镞、尖状器、刮削器，骨椎等，同时还伴随有辽金时期的陶瓷片。1984 年，吉林省考古研究所又在此发现新石器时代墓葬，经测定距今约 9000 年。

　　青山头依山面水，为古人类生存提供了优越的地理环境。一万年前，查干湖周边气候还处于地球湿冷阶段，岸边的植被被大森林和草原覆盖，森林中长满了云杉、松、桦等组合树种，加上茂密的蒿草、野菊、藜科草本植物，这里形成了适合"青山头人"和古脊椎动物群生存的良好自然环境。此时的"青山头人"已进化至更新世晚期的智人阶段，伴随他们存在的脊椎动物群中有猛犸象、披毛犀、野牛、野马、大角鹿等大型野生动物，还有熊、狐以及众多的啮齿类动物。这时的"青山头人"已经进入母系氏族社会，居住在青山头向阳坡面上地穴或半地穴式房屋，上面盖以树枝、茅草或兽皮，使用原始的石器、骨器或木棒，从事群体的狩猎活动。他们用长石片、刮削器剥离兽皮、切割兽肉，已经懂得使用火取暖、烧烤食物等。进入距今 9000 年的新石器时代，"青山头人"的后裔们能够烧造陶器、打磨石器，在查干湖边追獐逐鹿、捕鱼捉蚌、采集野果和植物种子，渔猎生活已经成为他们的主要生存方式，他们在原始生活中不屈不挠地开拓着人类发展之路。

　　查干湖，由于地处松、嫩两江交汇处，泡沼众多，湿地广阔，是天然的鱼类、鸟禽繁育栖息之地。早在辽代，这里就是辽皇帝"春捺钵"地之一。辽代,查干湖因被称为大水泊、大鱼泊而载入史籍,成为辽帝春猎、巡幸的地方。

从查干湖面看妙因寺

辽代契丹贵族虽取得北方政权,建有五京,但其游牧习俗"车马为家,秋冬违寒,春夏避暑,随水草就畋渔,岁以为常"的四时"捺钵"不改。据《辽史》记载,每年春捺钵,辽皇帝都带文武百官、后宫嫔妃、侍役人等大队人马从上京临潢府出发,约两个月时间来到这里,"冰雪未化,卓帐冰上,凿冰取鱼"。冰雪融化后,则"纵鹰鹘捕鹅雁",并在捕到鱼、鹅之初,开"头鱼宴"和"头鹅宴",宴乐群臣及少数民族酋长、外国使节等。据记载,从辽圣宗至天祚帝90余年间,辽代皇帝来到这一带春捺钵百余次。《辽史·道宗纪》和《辽史·天祚帝纪》中就有关于辽道宗皇帝在清宁三年(1057)

和太康元年（1075）两次来到查干湖和天祚帝在乾统七年（1107）、乾统十年（1110）、天庆三年（1113）三次来查干湖的记载，并"驻跸大鱼泊"，在这里接待"五国部长来贡"，举办"赈云州饥""遣使恤灾"等活动。

由于辽代皇帝的春捺钵，查干湖周边形成了人烟稠密、经济活跃的地区。查干湖周边辽金遗址众多，有20余处，这里出土文物丰富，陶器、瓷器、铜器、铁器、钱币以及金属炼渣、建筑构件等都有出土；妙因寺旁边也曾发现遗物，恢复重建工地上，曾出土古生物化石和陶瓷残片、兽骨、鱼骨等物。

塔虎城，距离妙因寺10公里，是妙因寺周边重要的辽金古城。城周长5213米，高6米，有四个城门，为四角楼。城墙上有64个马面，外有深3米的护城河2道（城角处3道），是吉林省保存较好的辽金古城、国务院公布的全国重点文物保护单位。

塔虎城，是辽代的长春州、金代的新泰州。在辽代，塔虎城是设在东北用以防御蒙古和女真的重要军事城堡，驻有韶阳军，辽东北路统军司曾设在这里。在金代，曾一度被降为县。由于蒙古部落不断入侵，金又将泰州恢复设在这里，并有东北路招讨司设在城内以抵御蒙古兵的侵扰。仰望城墙，遥想当年，这里金戈铁马、烽烟涌起、战鼓隆隆、号角长鸣，在北方少数民族不断的彼强我壮中，朝代更迭，互相交融，推动着社会不断演进，记录下北方的历史足迹。

塔虎城不仅是军事要镇，也是辽北方经济、文化中心之一。据《辽史》和《契丹国志》记载，辽在长春州设有"钱帛司"和"盐铁转运度",管理辽东北地区铜铁冶炼、货币制造、采炼及盐铁的转运,掌握着赋税、金融经济命脉。多年来,城内出土文物相当丰富,在城内西北角,仍有"金鉴殿"大型建筑遗址,并在城外东北角发现大型佛塔塔基,除在塔基上发现大型莲瓣形雕花砖外,还发现塔上有铜风铃和荡锤。城内也出土了很多铜佛、瓷佛。受唐、宋影响,辽代崇尚佛教,《辽史》中就有"咸雍八年","有司奏春、泰、宁江三州三千余人,愿为僧尼,受具足戒,许之"的记载。"春"即长春州,如此众多的人一起出家为僧尼,可见当地佛教之兴盛,这也是前郭尔罗斯有佛教记录以来最早的文献。

满蒙文碑距妙因寺东 10 公里,是妙因寺周围又一处重要文物古迹。此碑是清顺治皇帝的外祖父、外祖母之碑,清孝庄皇太后的父母碑。此碑由碑额、碑身、碑趺三部分组成,高5.82 米,正面刻有满、蒙两种文字,碑额龙纹之间刻有"敕立"字样,碑文正面刻有"追封忠亲王暨忠亲王贤妃碑",末尾刻有"大清国顺治十二年五月初七日立"。碑文内容是对忠亲王及贤妃功德的赞颂之词。

忠亲王,名寨桑,科尔沁蒙古贝勒,其两个女儿前后嫁与清太宗皇太极为妃,长女为关雎宫宸妃,小女为永福宫庄妃。后庄妃生顺治皇帝福临,福临登基后,尊庄妃为皇太后。忠亲王及其妻去世后,被顺治皇帝追封为和硕忠亲王和贤妃,由科尔沁第二代达尔罕王和塔立碑于墓前。此碑原有碑亭、墓、陵庙,并有妙因寺僧人为其念经。1946 年土地改革时,庙与墓被破坏,仅剩此碑。"文革"后几经修复,满蒙文碑被列为吉林省重点文物保护单位，并移入长山镇明珠公园内，建陈列馆和碑亭以保护起来，供游人观赏。

恢复重建后的妙因寺，规模宏伟，佛事兴盛，与周边的查干湖、青山头、塔虎城、满蒙文碑等古迹浑然一体，形成方圆十几公里的名胜游览区。茫茫的查干湖，高高的青山头，岸边榆柳成荫，芦荡蒲苇摇曳，鸥雁野鸭飞翔，湖面上白帆点点，鱼儿不时跃出水面。湖畔妙因寺云雾缭绕，殿阁层层隐现，阵阵诵经声和钟鼓声不绝于耳，好一处佛家修身的净地。妙因寺藏传佛教的传承在继续。

二　古刹春秋

1　藏传佛教传入前郭尔罗斯

郭尔罗斯源于豁罗剌思，是一个古代的蒙古部落。早在12世纪末期，蒙古豁罗剌思部的一支纳仁汗，就来到松花江与嫩江交汇一带，一直游牧在交汇处的两岸，使这里成为蒙古人的游牧地。同时，蒙古人所信仰的原始宗教——博（萨满教），也流传于这一地区，成为这里的主要宗教。郭尔罗斯也就成为蒙古萨满教——博的故乡之一。

明万历六年（1578），随着西藏藏传佛教格鲁派的领袖索南嘉措应土默特部蒙古阿拉坦汗的邀请，来到青海地区传播佛教，并与阿拉坦汗互相赠予封号，索南嘉措接受阿拉坦汗赠予的"圣识一切瓦齐尔达喇达赖喇嘛"称号后，被明朝万历皇帝所认可，就成了"三世达赖"活佛，并追认了前两世。从此，藏传佛教第二次传入了蒙古地区。当时，蒙古右翼首领阿拉坦汗率土默特部、鄂尔多斯部、喀喇沁部等三万户部众，悉数皈依了佛教。蒙古人上自王公贵族，下至普通牧民，都虔诚地成为藏传佛教的忠实信徒。与此同时，阿拉坦汗等蒙古贵族颁布了《十善福法规》，取缔了原来蒙古人所信奉的萨满教（博）和萨满教的传统恶俗，宣布从此以后，禁止蒙古人死后以妻子、奴隶、牛羊等牲畜殉葬，禁止杀牲祭祀，取消血祭等，如有违犯者，杀人者死，杀牲畜者没收其全部牲畜，提倡佛教使用"三白"即牛乳、奶酪、凝乳等乳制品祭祀，提倡尊崇"佛、法、僧"三宝。

从此，索南嘉措就开始在青海、甘肃、内蒙古高原西部传播佛教，并建立佛教寺院等。索南嘉措活佛在蒙古高原圆寂后，阿拉坦汗的曾孙被西藏格鲁派四大佛寺确认为三世达赖转世灵童，取法名云丹嘉措，于1603年在西藏北热振寺坐床。从此以后，更多著名的西藏活佛喇嘛不断进入蒙古高原传弘佛法，经过呼和浩特的大召、席力图召等寺院，佛教由西向东逐渐扩展。几年后，藏传佛教格鲁派的势力经察哈尔、扎鲁特等地进入了科尔沁地区。

后金天聪年间（约1630年），内齐托因活佛带领30名弟子，从呼和浩特来到科尔沁草原，他是科尔沁草原的第一位佛教传播者。他们首先在民间传法，向牧民们宣传不要杀生，废除萨满神像"翁衮"，共同敬奉"佛、法、僧"三宝。同时，他们还和萨满教的巫师们斗法。继而，他们又说服科尔沁各部的贵族，让他们帮助消灭翁衮，镇压萨满教。其实，在蒙古王公贵族们看来，各种宗教没有实质性差别，都只是形式上的不

同，不论是佛教还是萨满教，无论是供奉佛还是供奉萨满神
像，这些行为都是"告天的人"在沟通蒙古人与长生天之间
的来往，所以蒙古贵族并不把翁衮看得非常重要。通过斗法，
萨满教那种虽有久远历史但无统一哲理和健全宗教组织的宗
教，逐渐被蒙古王公贵族抛弃，藏传佛教的信仰理念和神秘的
宗教仪轨赢得了蒙古人的信仰。当时的科尔沁首领奥巴洪台吉
对佛教产生了浓厚的兴趣，他非常佩服内齐托因活佛的法术，
率先信仰佛教、崇奉佛教，并带头在科尔沁草原将翁衮集中起
来，烧毁这一萨满教的神像，带头驱逐、镇压萨满教的巫师。
这样一来，在奥巴洪台吉的带领下，科尔沁所属诸部，包括郭
尔罗斯、扎赉特、杜尔伯特等部的王公贵族们，也都纷纷从原
来信奉萨满教，转而崇信藏传佛教，所属部众及牧民也都转信
了佛教。一时间，蒙古东部地区的察哈尔、扎鲁特、科尔沁、
郭尔罗斯等部落，都有来自西藏、蒙古地区的大德高僧们在宣
传佛法、弘扬佛法、传播佛法，蒙古东部地区的民众都成了藏
传佛教的忠实信徒。

在郭尔罗斯前旗，第一座建立起来的寺庙是崇化禧宁寺。
清顺治四年（1647），在郭尔罗斯前旗扎萨克的支持下，有僧人
在扎萨克驻地附近的比赫尔地方，建起一座寺庙。据史料记载，
这座寺庙建起时规模很小，只有一座殿宇；僧人也很少，只有
十几个喇嘛。清康熙十九年（1680），旗扎萨克辅国公莽塞通过
理藩院奏请康熙皇帝"敕令赏赐满、蒙、汉三种文字寺名——
崇化禧宁寺"。当时，这些喇嘛除正常佛事活动、传播佛法外，
更多的是和残余萨满教的巫师们斗法。尽管当时蒙古王公贵族

们和广大牧民们转信了藏传佛教，但在郭尔罗斯人们的深层意识之中，萨满教（博）和巫师们的作用仍然在困扰着他们，特别是千百年来巫师的作法、占卜、治病、祭祀等法术，已经深深地扎根于草原上的蒙古民众心中。同时，被镇压的萨满巫师们也不甘心被抛弃，他们从公开转入隐蔽，从蒙古上层转入民间底层，甚至在草原的各个角落，都有他们的身影。为了生存，萨满教巫师们也开始分化，郭尔罗斯的巫师们便分化成"白博"、"黑博"。所谓"白博"，即这些巫师们也接受了部分佛教的理念和仪轨，既敬神，也敬佛；巫师行博时，面向西方或西南方，向佛祖祈祷；巫师死后一般土葬。而所谓的"黑博"，则一直坚持萨满教的信仰，他们行博时面向东方或东北方，向天祈祷，向祖宗神祈祷，只敬天、敬神，不敬佛，坚持原来萨满教的理念；黑博死后仍坚持风葬，将尸体置于山冈上或悬挂树上，让尸体慢慢地风化，更多地体现了蒙古原始多神教的葬俗特点。佛教喇嘛在排挤、镇压萨满教的同时，为了被广大蒙古民众所接受，也吸收了萨满教中被佛教认为可容留的传统部分，如祭祀敖包、禳灾、祈福、问卜、查定吉日等，以及民间的一些祭祀活动，都被披上佛教的外衣，变成了喇嘛所在寺庙法事活动的一种。

为了进一步扩大藏传佛教在郭尔罗斯前旗的影响，清雍正八年（1730），旗扎萨克协理、四等台吉宝路德为庆贺雍正皇帝的寿辰，自己筹集资金，在郭尔罗斯前旗的北部四克基地方，建起了第二座喇嘛寺庙——福兴寺。当时的旗扎萨克一等台吉察衮上奏朝廷，"上主谕令赏赐有满、蒙、藏、汉四种文字的寺名"，喇嘛"度牒十四份"。福兴寺的兴建，为藏传佛教在郭尔罗斯前旗的传播又增添了新的道场。虽然寺庙不大、喇嘛也不多，但它是郭尔罗斯前旗北部信众的唯一道场。茫茫草原，信众们要想到崇化禧宁寺拜佛求经，赶着勒勒车走100多公里道路，即使骑着马也得走好几天。福兴寺的兴建，满足了旗北部广大藏传佛教信众的心愿。

　　郭尔罗斯前旗的草原上有了两座寺庙，但经过顺治、康熙、雍正三朝皇帝对藏传佛教的崇信和特殊政策，草原上蒙古人对佛教的信仰和崇奉已经到了无以复加的地步，人们迫切需要活佛、葛根等这些由菩萨转世的高级喇嘛的加持。但是，当时郭尔罗斯前旗寺庙里的喇嘛们都是普通的出家僧人，虽然也有年龄大的老喇嘛，但都不是大德高僧，这无法满足求佛若渴的蒙古族信众的需要。于是，清乾隆二十年（1755），旗扎萨克一等台吉阿拉布坦请沙布隆活佛云丹札木苏来到郭尔罗斯前旗，这是郭尔罗斯前旗草原上最高级的喇嘛。同年，云丹扎木苏活佛开始在旗北部建妙因寺。

　　清乾隆二十五年（1760），皇家额附、旗扎萨克协理、四等台吉苏玛第为庆贺乾隆皇帝生辰，自筹金银在旗西部建广庆寺，并由旗扎萨克一等台吉阿拉布坦奏请理藩院，请乾隆皇帝"敕令赏赐满、蒙、藏、汉四种文字的寺名"，同时赐予"扎甫一名"，喇嘛"度牒39份"。

　　清同治九年（1870），旗扎萨克辅国公阿拉坦鄂齐尔在旗扎萨克驻地松花江边哈拉毛都附近的阿尔山宝勒格地方建普祥寺，专门安置郭尔罗斯前旗蒙古王公贵族家中出家当喇嘛的子弟；同时，报请理藩院，"上主谕旨赏赐满、蒙、藏、汉四种文字的寺名"，并"赐予首席扎甫喇嘛1名，德木其度牒1名，格卜慧度牒1名，班弟度牒13份"。"光绪二十九年，盟长扎萨克公齐默特色木丕勒呈奏理藩院，增加度牒25份。"

清光绪三十三年（1907），时任哲里木盟盟长、旗札萨克辅国公齐默特色木丕勒在西部草原豪沁黑德地方，为祝贺光绪皇帝的寿辰而建德寿寺，"上主谕令赏赐满、蒙、藏、汉四种文字的寺名"，"又赐予首席喇嘛扎甫1名，班弟度牒10名"。德寿寺又称黑帝庙。

截至清朝末年，郭尔罗斯前旗共建有大型藏传佛教寺庙六座。其中，崇化禧宁寺为郭尔罗斯前旗的旗庙，清咸丰年间，随着旗扎萨克驻地东移，崇化禧宁寺也由西部比赫尔移建到东部松花江边的阿尔山宝勒格地方，寺庙内有扎萨克喇嘛驻守，设有扎萨克喇嘛斋院。妙因寺是郭尔罗斯前旗的活佛寺庙，曾有六位沙布隆活佛在这里转世，它是旗内喇嘛级别最高的寺庙。普祥寺是旗扎萨克辅国公的家庙，一直都是郭尔罗斯前旗蒙古王公贵族家中子弟出家喇嘛的道场，享有经济上的优待。除此之外，旗内还有数十座小型的喇嘛庙宇，人称其为"阿楼"，寺庙规模较小，庙内喇嘛少，或三五个，或二三个聚集在一起。当地群众说，他们多为外籍喇嘛、无度牒喇嘛、云游行医喇嘛，或为带发修行的居士。

2　妙因寺的兴建与转世活佛

清乾隆二十年（1755），郭尔罗斯前旗一等台吉阿拉布坦继承了兄长都葛尔扎布的职爵，接任旗扎萨克，成为郭尔罗斯前旗第8任扎萨克。自清朝入关以来，经顺治、康熙、雍正三朝90多年的治理，全国得以统一，大清帝国发展成疆域辽阔、国富民强、社会安定的封建帝国。为了笼络和安定边疆地区的少数民族，特别是藏族和蒙古族，清朝几代皇帝积极推行藏传佛教，信奉和崇尚藏传佛教已经接近巅峰阶段。乾隆皇帝继位以来，更是对其崇奉有加，藏传佛教的传播和信仰进入了它的全盛时期，这也是蒙古族信奉佛教的黄金时期。乾隆皇帝继承了其祖父康熙皇帝和父亲雍正皇帝的一贯做法，在全国蒙藏地区和京城大力推崇和扶持藏传佛教、弘扬藏传佛法，除大力修建喇嘛寺庙外，还组织人力翻译、出版《丹珠尔经》和《大藏经》，鼓励蒙古人出家为僧；他不但自己对藏传佛教具有浓厚的兴趣，而且从其政治统治的角度充分利用了藏传佛教，他在《御制喇嘛说》中直言不讳地说："兴黄教，所以安众蒙古，所系非小。"清朝皇帝利用藏传佛教安定了长城以北的游牧民族，这曾是中国历史上多少朝代都无法解决的游牧民族与农耕民族之间的矛盾。乾隆皇帝在朝廷设立理藩院柔远司，专门设置管理喇嘛教的官方机构，建立喇嘛等级制度、朝贡制度、寺额制度，封呼图克图活佛，授以宗教领袖的政治、经济特权，甚至在蒙古地区设立扎萨克喇嘛旗，由出家僧人统掌该旗的政教大权，实行政教合一制。以上种种政策，鼓励了蒙古王公贵族和广大蒙古民众更加崇奉佛教，对藏传佛教产生虔诚的信仰和强大的依赖，使佛教的理念和内容渗透到蒙古民众深层观念、思维和行为之中。

　　乾隆二十年（1755），虽然郭尔罗斯前旗已有两座大型喇嘛寺庙，但在寺庙中没有大德高僧等高级活佛，这种状况使得旗内各蒙古王公贵族们总感到生活中缺少了什么。"有寺须有僧，大寺须大僧"，在这种情况下，刚刚承袭郭尔罗斯前旗扎萨克之职的一等台吉阿拉布坦，就马上开始了寻访、邀请高僧的行动。

　　科尔沁草原当时已经有了很多藏传佛教寺庙，其中，科尔沁右翼图什业图旗的遐福寺（俗称巴颜和硕庙）、科尔沁左翼达尔汗旗的兴源寺（俗称库伦庙）、福缘寺，科尔沁左翼后旗的双福寺（双和尔庙），科尔沁右翼扎萨克图旗的梵通寺（葛根庙也称陶赖图庙）、普慧寺（俗称王爷庙）等都是哲里木盟地区的大型寺庙。这些寺庙闻名东蒙古地区，而且都有大德高僧活佛喇嘛入驻。因郭尔罗斯前旗也是哲里木盟会盟的十旗之一，旗扎萨克一等台吉阿拉布坦就以郭尔罗斯前旗扎萨克的名义派人到这些寺庙查访，寻找愿意到郭尔罗斯前旗传道的高僧活佛。最后，在哲里木盟的盟庙、科右中旗图什业图旗的巴颜和硕庙，请到了内齐托因三世活佛的弟子沙布隆云丹扎木苏活佛喇嘛。

　　沙布隆，是活佛徒弟的称谓，也是转世者，蒙语称呼毕勒干，藏语称沙布隆。因云丹扎木苏是三世内齐托因活佛的弟子，所以称沙布隆。云丹扎木苏自幼在巴颜和硕庙出家为僧，稍长后即云游呼和浩特、甘肃、青海、西藏各地的寺庙，求佛学经深造。在呼和浩特的小召寺庙，他被内齐托因三世活佛摩顶受沙弥戒，从此跟随三世活佛数年，以后回到巴颜和硕庙修行。因云丹札木苏佛缘深厚，刻苦修行，显宗、密宗兼修，又精通蒙医蒙药，在巴颜和硕庙和科尔沁草原上很有名气，所以被阿拉布坦选中，聘以重礼，由旗扎萨克协理带队，派扎萨克府兵及郭尔罗斯前旗寺庙的喇嘛们前往图什业图旗迎请，沿途所经寺庙，皆给以布施、焚香祈祷、礼拜佛祖。

沙布隆云丹扎木苏活佛带领自己的几名徒弟一起，来到郭尔罗斯前旗后，没有入驻在西部比赫尔扎萨克阿拉布坦给安排的旗庙崇化禧宁寺内，也没有进驻福兴寺，而是被查干湖畔的青山绿水、地杰人灵所吸引。于是，他在查干湖（当时名为拜布尔察罕大泊，汉语意为圆圆的圣母湖）畔的敖包山下居住下来，除每日传播佛法、诵经礼佛外，不断云游，四方化缘，为广大蒙古牧民医治疾病，立志以自身之力在查干湖畔另建一新的佛教道场。老天不负苦心人，几年奋发苦修化来了浓浓的佛缘，除修庙的银钱外，还赢得了广大蒙古王公贵族和蒙古民众的信任、敬佩和尊重，朴实的蒙古民众佛教信徒纷纷解囊，或钱财，或物资，或牲畜，奉献到沙布隆云丹扎木苏的驻处。同时，云丹扎木苏活佛也在查干湖边依山面水的敖包山下选中了寺庙的建筑址。

清乾隆二十三年（1758），云丹扎木苏活佛从河北承德请来了建庙施工的师傅们，按照云丹扎木苏自己的意愿，妙因寺第一座佛殿开始修建，约乾隆二十五年（1760）完工。这座佛殿完全依照藏式风格而建，斜墙平顶，阔面小窗，高3层，平面按九九八十一间布局，面阔9间，进深9间。第二层上部饰有边玛墙，红窗绿檐。第三层建筑后收，顶部饰以宝鼎，前面留出平台。在第二层前方墙的顶部，装饰有镏金法轮，法轮的左右各卧有一只金色的祥鹿，以示法轮常转、众心向佛之意。殿顶的四个角各塑有一个高大的铜质法幢，旁边有黑色的索罗锭。在佛殿墙体上方的边玛墙上，还镶有金色的铜镜。整座大殿气势宏伟，富丽堂皇。在大殿内，供有释迦牟尼佛祖和燃灯古佛、弥勒佛储三世佛，佛两侧塑有观音、文殊、普贤诸菩萨及宗喀巴大师塑像。大殿内共有各式佛、菩萨、护法神像100余尊。每日在晨钟暮鼓声中，云丹扎木苏活佛率他的弟子们潜心修行，深研佛家经典。

大殿建成开光的当年，沙布隆云丹扎木苏活佛从京城请来了藏文《大藏经》（也称甘珠尔）一部，共108卷，分装40余函。众喇嘛将其用黄缎子分别包裹，收藏于大殿第三层的阁楼里，秘不见人，成为妙因寺后来的镇寺之宝。与此同时，云丹扎木苏活佛通过旗扎萨克阿拉布坦报请理藩院，转请乾隆皇帝赐予满、蒙、藏、汉四种文字寺庙匾额——妙因寺。

乾隆二十六年（1761），云丹扎木苏被理藩院推荐为"京师六十呼图克图"之一，参加《洞礼经》值班，与内蒙古其他寺庙高僧大德一起，分班次为乾隆皇帝颂念祝福经。据《内蒙古喇嘛教史》（德勒格编著）记载，在清代，蒙古地区藏传佛教寺院选择出呼图克图、葛根、呼毕勒干、沙布隆等上层喇嘛经文超众者60人，被称为"六十呼图克图"，每年轮流进京执行"洞礼"年班制度。这些高级喇嘛分成六个班次，每年的11月份开始，其中一个班次必须进京为清朝皇帝"身心安康、万寿无疆"而诵念祝福经。这些喇嘛享受同蒙古王公贵族一样的优待，让他们进一步靠拢朝廷，同时，也是对这些高层喇嘛的一种考察和控制。据《大清会典事例》记载，对于参加"洞礼"年班喇嘛的地区，人数和班次都有具体的规定，其中"郭尔罗斯1人"就是妙因寺的沙布隆活佛云丹扎木苏喇嘛。云丹扎木苏与喀尔喀的西瓦锡勒呼图克图、章楚布多尔吉喇嘛，乌珠穆沁的阿旺苏德巴却尔济、阿巴嘎纳尔的罗布桑却吉固什、乌拉特的洞郭尔班弟达、察哈尔的岱青绰尔济罗布桑丹达尔、归化的宁宁呼图克图、土默特的阿旺丹巴达喇嘛、察哈尔的敏珠尔却尔济固什共十人编为一班，参加"洞礼"经第三班值班。

云丹扎木苏活佛于乾隆三十二年（1767）因病圆寂。沙布隆活佛圆寂后，妙因寺即将此事报于清理藩院。因为云丹扎木苏活佛参加六十呼图克图"洞礼经"值班，报请乾隆皇帝后，敕命准予其转世。经当时驻守京城的总管漠南蒙古地区藏传佛教事务的二世章嘉呼图克图阿旺却扎巴丹白坚赞指点，妙因寺于乾隆三十九年（1774）寻访到沙布隆云丹扎木苏的转世灵童洛布桑普日来丹津，于乾隆四十年（1775）报请理藩院，通过金奔巴瓶执签确认后，请其到妙因寺坐床。

二世沙布隆活佛洛布桑普日来丹津是科尔沁左翼达尔罕王旗内一个蒙古台吉的儿子，坐床时只有8岁。洛布桑普日来丹津自幼聪明好佛，虽然年纪幼小，但喜欢乐好善施，从出生时起就看不了杀猪宰羊等血腥之事，偏爱佛珠佛画佛像。坐床妙因寺后，拜扎萨克图旗葛根庙喇嘛为师，学习佛经佛典、佛家礼仪，很快就通晓了佛经佛理。乾隆四十四年（1779），洛布桑普日来丹津因病圆寂。

三世沙布隆活佛洛布桑旦巴拉布杰是科尔沁左翼宾图旗人，出生于蒙古贵族世家。乾隆五十二年（1787），经寻访认定其为二世沙布隆洛布桑普日来丹津活佛的转世灵童，报请理藩院后经金奔巴瓶执签确认后，请到妙因寺坐床。同时，也请来葛根庙老喇嘛到寺内教授活佛佛经，小活佛很快通达无障碍，通晓一切佛经仪轨。乾隆五十七年（1792），洛布桑旦巴拉布杰因病圆寂，年仅 13 岁。此后，妙因寺转世灵童多年没有寻访到。

清嘉庆十六年（1811），在旗扎萨克辅国公恩克托克托琥的执意支持下，妙因寺的喇嘛们组成活佛寻访团，带着礼物，跋山涉水、万里迢迢地来到西藏扎什伦布寺，拜见七世班禅大师丹白尼玛，寻求指点妙因寺沙布隆三世的转世灵童。在七世班禅大师的测算、指引下，妙因寺沙布隆四世转世佛玛尼扎布在嘉庆二十一年（1816）被寻访到，经报奏清朝理藩院批准，用金奔巴瓶执签确认后坐床。玛尼扎布是科尔沁左翼达尔汗旗人，出身四等台吉家，9 岁时便出家为僧。按照班禅大师的指引寻访到他时，他 19 岁，已经在达尔汗旗的唐阿里克庙出家10 年。玛尼扎布出家的这 10 年，曾远去甘肃拉卜楞寺和青海的塔尔寺等藏传佛教寺院学经，得到拉卜楞寺嘉木样活佛和塔尔寺活佛的受戒和灌顶，加上其自幼聪慧好学、佛缘深厚，多年以来已经修行得显密兼通，且通晓蒙、藏、汉语言，对藏医藏药和蒙医蒙药也很有研究。玛尼扎布活佛坐床妙因寺后，又在寺内加盖了一座大佛殿，并按汉藏结合式结构，大殿的第

一、第二层为藏式平顶建筑，第三层为汉式大屋檐歇山顶建筑，此殿也为九九八十一间，规模雄伟。三层大殿飞檐翘角，檐角下铁马铜铃叮咚作响，与原来一世沙布隆云丹扎木苏所建的佛殿并成一排，有数十丈间隔，气势非常宏伟。以后，又在两座佛殿后加盖一幢二层活佛斋院。玛尼扎布四世沙布隆入驻妙因寺后，妙因寺的建筑规模和僧人的数量都有很大增加，妙因寺的香火又出现兴旺之势。清道光二十一年（1841），四世沙布隆玛尼扎布进京参加六十呼图克图"洞礼"经值班时，觐见了道光皇帝，道光皇帝被玛尼扎布精湛的经文和佛学知识所打动，赏赐给玛尼扎布活佛绿幔车一乘，让他独家享用，尽显皇家恩德之浩荡。道光二十九年（1849），玛尼扎布因病圆寂，享年 52 岁。

12 年后，四世沙布隆玛尼扎布活佛的转世被寻访到。清咸丰十年（1860），通过妙因寺扎甫大喇嘛的几经寻访，在内蒙古呼和浩特小召六世内齐托因呼图克图的指点下，从科尔沁右翼扎赍特旗的三等台吉家中，寻访到四世沙布隆的转世灵童，法名叫耶熙索德巴。通过理藩院批准和金奔巴瓶执签确认后，五世沙布隆活佛耶熙索德巴于咸丰十一年（1861）被请到妙因寺坐床，当时的年龄只有 8 岁。耶熙索德巴活佛坐床后，拜科尔沁左翼中旗的唐阿里克庙（寿安寺）的活佛为师，指导其经文学习，日常由妙因寺扎甫大喇嘛教授经文；12 岁时，由唐阿里克庙活佛授沙弥戒；20 岁时，由甘肃拉卜楞寺活佛授比丘戒，同时灌顶。耶熙索德巴深爱佛学，刻苦钻研佛学经典，并一度到甘肃、青海、西藏、内蒙古等地一些著名寺院学习经文，显宗密宗兼学，多次得到著名大德高僧的灌顶，所以佛学造诣很深。在参加京师六十呼图克图值班诵念"洞礼"经时，被光绪皇帝所赏识，于光绪十二年（1886）赐予绿幔车，与他的前世四世沙布隆活佛玛尼扎布一样，也得此殊荣。光绪十三年（1887），耶熙索德巴活佛因病圆寂，享年34岁。

五世沙布隆耶熙索德巴活佛圆寂后，妙因寺扎甫大喇嘛布楚布格隆处理完后事，便派人携带重礼，前往青海塔尔寺，欲求见五世阿嘉活佛，请求阿嘉活佛测算指点五世沙布隆活佛转世灵童的出处。经五世阿嘉洛桑丹白旺秀测算指点，于光绪十九年（1893）寻访到五世沙布隆耶熙索德巴的转世宝音达赖，报请理藩院，经金奔巴瓶执签确认后，请到妙因寺坐床。

六世沙布隆转世佛宝音达赖出生于光绪十四年（1888），是科尔沁左翼达尔罕王旗贵族家子弟，俗姓包，其叔父是达尔罕王旗蒙古二等台吉。宝音达赖被选中转世灵童时年方6岁，聪明伶俐，五官端正，很有家族教养。请往妙因寺后，即拜请扎萨克图旗葛根庙活佛为师，另有寺内老喇嘛教授经文和佛家礼仪，起居饮食皆有众喇嘛照应。由于他聪明好学，一心向佛，严守戒律，苦心修行，12岁时受沙弥戒，21岁时受比丘戒，郭尔罗斯草原上的蒙古族民众都尊称其为大佛爷。宝音达赖在受完比丘戒后，即向理藩院告假，欲前往西藏学经拜佛。光绪三十三年（1907）动身启程，六年后，宝音达赖六世沙布隆活佛从西藏返回妙因寺。民国28年（1939），因病圆寂，享年51岁。

根据吉林省档案馆所存档案，清宣统二年（1910）哲里木盟盟长、盟武备兵防官统兵扎萨克、郭尔罗斯前旗扎萨克辅国公齐默特色木丕勒报给吉林省巡抚衙门的"郭尔罗斯前旗喇嘛品级调查"（原蒙文、陈福元翻译）中记载，妙因寺从一世沙布隆云丹扎木苏活佛于清乾隆二十年（1755）请来郭尔罗斯前旗后，到民国 28 年（1939）六世沙布隆宝音达赖圆寂，历经184 年，共有六世沙布隆活佛转世。前五位活佛都被纳入到京师六十呼图克图"洞礼"经值班，曾朝拜过清朝皇帝，只有六世转世佛宝音达赖没有参加"洞礼"经值班，没有觐见过光绪和宣统皇帝。由于前世各位沙布隆活佛勤于佛事、勤于善事，寺内戒律严格，妙因寺从建寺时起就深得蒙古民众崇仰，一直香火旺盛。在妙因寺，每年都有两次大型法会活动，一次是在正月十四、十五两天，一次是在六月十四、十五两天。每逢庙会，近在郭尔罗斯、扶余、长岭等地，远在长春宽城子、辽宁奉天、内蒙古等地的人们纷纷赶来参加。在活佛喇嘛的主持下，全体喇嘛们诵经、跳"查玛"、扔"苏勒"、舍肉粥等。佛教信徒们你来我往、蜂拥而至，庙里庙外一片喧嚣。在寺庙外的草地上，搭起座座蒙古包，燃起堆堆篝火。蒙古王公们带领全家，勒勒车上拉着猪、羊，还有奶、茶、糖、酥油等物品，包括一些布料，无私奉献给佛爷喇嘛。普通牧民们也不落后，把一年中辛辛苦苦攒来的钱物施舍给寺庙也在所不惜。在寺外，排成排地安有数口大锅，由喇嘛们和信徒们自己动手熬煮肉粥，凡前来参加庙会者，不管是达官显贵、云游僧侣，还是远近牧民皆可来用食。一些穷困贫民和无家可归者，连食数日也不愿散去。

妙因寺在繁盛中传承着藏传佛教。

3 妙因寺的萧条与毁坏

清朝光绪末年，沙布隆六世活佛宝音达赖离妙因寺前去西藏学经以后，郭尔罗斯前旗佛教界也发生了一些变故。原来，在郭尔罗斯前旗，哈拉毛都公爷府驻地附近的崇化禧宁寺是全旗的旗庙，有扎萨克喇嘛驻守在该庙，光绪二十一年（1895），原扎萨克喇嘛圆寂，旗扎萨克辅国公齐默特色木丕勒为将旗内的宗教权也掌握在自己手中，亲自进京上下花钱打点，最后通过理藩院，将自己的三叔阿穆尔钦格勒图喇嘛推举为扎萨克喇嘛，并在崇化禧宁寺设扎萨克喇嘛斋院。

阿穆尔钦格勒图人称"三爷喇嘛"，虽是出家人，但此人骄奢淫逸、横行霸道。由于他是旗札萨克齐默特色丕勒的亲叔叔（齐默特色木丕勒的父亲有病不能承袭札萨克辅国公，其爷爷将爵位直接传给长孙），他经常参与旗内政事、勾结官府、出卖旗地，并在京城设有办事处，长住京城，贿赂朝中奸佞，生活花天酒地、挥霍玩乐，所有消费皆由扎萨克府支度，此事早已引起旗内僧俗两界的反感。光绪三十二年（1906），为反抗旗扎萨克辅国公齐默特色木丕勒出卖蒙地，引发了蒙古族陶克陶胡的起义。在宗教界，三爷喇嘛参与卖地的行为也引起了众喇嘛的非议。四克基二佛爷喇嘛首先发难，发出檄文指责三爷喇嘛，痛斥其不守教规、涉足政事、串通贪官出卖旗地，借以搜刮民财、中饱私囊等事，遭到三爷喇嘛的报复。此事引起众喇嘛的强烈不满，旗内有众喇嘛赴京城状告三爷喇嘛之事，妙因寺喇嘛也参与其中。班沁道尔吉喇嘛已经 50 多岁，为此事愤愤不平，与高尼格尔顿珠喇嘛等商议后，筹集好路费秘密起程去北京告状。但此事被三爷喇嘛得知，派人在北京将三人堵截，押回郭尔罗斯前旗施以酷刑。阿穆尔钦格勒图命人将班沁道尔吉师徒带到正在涨水的松花江岸悬崖边，用手指着班沁道尔吉喇嘛说："都说你法术高，能避水火，今天我给你念镇邪经，看你法术如何。"说完后，命人将一块写有朱砂咒语的石磨盘绑在班沁道尔吉的身上，同高尼格尔一起大头朝下抛下悬崖，翻入滚滚的江水之中。此事引起全旗僧俗两众的强烈不满，迫于扎萨克齐默特色木丕勒的权势和阿穆尔钦格勒图的淫威，众人只能敢怒不敢言；但他们从此失去了广大农牧民及广大佛教信徒的信任，寺庙的香火受到很大影响，寺庙的生存发生了悄然的变化。

自光绪二十八年（1902）清政府实行蒙地开放政策以后，郭尔罗斯前旗的牧地被快速放垦出卖，汉族农民大量涌入，使东部长春、德惠、农安一带成立府县，被划出旗界，蒙古民众和喇嘛寺庙的土地受到影响，原来农安一带的"喇嘛荒"被放垦，直接影响了寺庙的经济收入。

民国以后，由于军阀长期混战，社会治安混乱，郭尔罗斯前旗一带土匪横行猖獗。由于妙因寺有活佛喇嘛，寺内经济较富足，经常成为土匪欲袭击的目标，寺庙安全受到威胁。为了保护活佛喇嘛和妙因寺，王爷府（此时郭尔罗期前旗辅国公已晋升为亲王）派出蒙古兵丁来到妙因寺外的"八排"驻守。为了防止土匪袭击抢劫妙因寺，在妙因寺的外围修起一圈高 1

丈多，厚3尺多的土围墙，将妙因寺的佛殿、经堂、活佛斋院及东、西、北仓的喇嘛住房等都圈进院内，并在院的东、西、南、北及北墙中央筑起5个大炮楼，连同山门前，每日有6组蒙古兵丁日夜巡守、轮班站岗放哨。这些兵丁每半月轮换一次，由驻守八排的排长统一指挥。这样一来，妙因寺内围得像铁桶一般，除大型庙会等宗教集会外，平日很少有人接近妙因寺，更不许生人出入妙因寺，妙因寺平日的香火自然而然地惨淡了下来。

日本侵略东北以后，对宗教也不放过，经常有日本特务扮成出家喇嘛混入寺庙，收集宗教情报。特别是伪满洲国成立、郭尔罗斯前旗王爷齐默特色木丕勒成为伪满洲国的蒙政部大臣以后，日本人经常出入王府，一些日本喇嘛也经常来到各寺庙，名则拜佛，实则收集地方经济和宗教情报，寺庙内的僧人们敢怒不敢言，妙因寺的六世沙布隆活佛宝音达赖对此也只能敬而远之，能躲即躲、能避则避，尽可能地少惹是非，关起庙门潜心念经而已。日本人为了在宗教界长期侵占和渗透，还在蒙古地区的寺庙里挑选年轻的喇嘛到日本去所谓"留学"，利用宗教信仰在蒙古民众中推行奴化教育，灌输愚民思想，推行所谓的"日满亲善""日蒙亲善""日中亲善"。自1938年起，日本人通过伪满洲国兴安总省，在郭尔罗斯前旗选送喇嘛到日本留学，前后3期共10人，妙因寺喇嘛桑杰扎布就被选中为第3批去往日本的。根据当年的老喇嘛桑杰扎布（84岁）回忆，他当年去日本时年仅18岁，同他一起去的还有业喜拉克发喇嘛、那顺喇嘛、双福喇嘛共4人。在日本期间，由日本真言密教总本善独立机构所属的高野大学、兴亚密教学院执教。他们一到日本，就必须先学习日语、东洋历史、佛教历史等，分三个学年才能完成这些课程。通过这些学习，向他们灌输和渗透日本的佛教思想，从宗教信仰角度实现日本人"日满一体、一心一德、共存共荣"的奴化主张。待这些喇嘛回国后，提升他们的社会地位和宗教地位，让他们参加兴安各省的决策性宗教会议和喇嘛教总团成立大会。即使这样，日本人对这些喇嘛仍然不放心，经常派特务暗中进行监督和控制，发现稍有对日不满情绪者，立即采取措施。1943 年初，顶嘎敖力布喇嘛在兴安总省召开的一次宗教会上，流露出几句对日本人不满的言论，不久后便突然死去。当时很多喇嘛都感到莫名其妙，不知怎么回事。事后大家才知道，是驻兴安南省教务区任主事的日本喇嘛请他去吃饭，吃饭后便中毒而亡。直到 1945 年"八一五"光复，这些日本喇嘛才撤离东北，纷纷逃回日本。

1946 年 3 月，郭尔罗斯前旗工农翻身会成立，土地改革运动开始，土改运动斗争的矛头直指当时的土地集中所有者，除蒙古贵族、地主外，妙因寺 1300 多垧的庙地和大量的牲畜、住房、粮食及其他财产，成为农民翻身会斗争中的主要对象。土地被农会没收，喇嘛们居住的房屋和多余的衣服、被褥等都被分给农牧民。失去土地、失去财物、失去宗教特权，他们失去了赖以生存的生活基础，他们的宗教生活被停止。随之农会要求喇嘛们还俗，回家参加农牧业生产。为了支援当时的解放战争，农会将寺庙内的金银器皿，包括纯金的佛灯、佛像和银制的物品等一律变卖，作为战前的经费。农会还将庙内大小铜佛及铜制法器收集到一起，运到铜厂化铜，用以制造子弹和炮弹的弹壳。据群众回忆，当时妙因寺里用大车往外拉铜器就拉了 10 多天。在这种情况下，喇嘛们开始遣散了，有家的回家，无家的投靠亲友，寺内喇嘛大部分返回原籍，还俗参加乡里农牧业生产。有一部分青年喇嘛在支援全国解放战争的号召下，参加了东北民主联军，后来转入解放军第四野，随部队南下了。个别喇嘛坚持出家，不愿还俗的，就自带行装一路化缘去了青海、西藏。极少数年老体弱、无家可归的喇嘛，仍然留在寺内维持生活。但到了 1946 年下半年，群众扒庙活动开始，妙因寺两座佛殿都是上好的木材，被农会用车拉了一个多月，运到村子里盖起了小学校。1946 年底，妙因寺只剩下了残垣断壁、破房框子，成为百姓的牛棚和柴房。

自此以后，藏传佛教妙因寺在前郭尔罗斯成为了历史，直到改革开放以后的再兴建。

4 妙因寺恢复重建

郭尔罗斯是蒙古人聚居、游牧的地方，长期以来，藏传佛教对蒙古族民众的影响没有消失，崇奉佛教的信仰和习俗始终没有改变。1999 年，为落实党的民族宗教政策，落实党中央国务院《关于进一步做好宗教工作若干问题的通知》（中发〔1999〕6 号）文件精神，尊重蒙古族历史上长期信奉藏传佛教的习俗，满足广大信仰佛教群众对宗教活动场所的需要，同时，也为了拉动前郭尔罗斯蒙古族自治县的经济发展，开发自治县的民族旅游资源，开发查干湖经济旅游区人文景观，经吉林省民族宗教局和松原市政府同意批准，妙因寺的恢复重建工作开始。

前郭县宗教局非常重视此次恢复重建工作，特组织有关方面人员两次去内蒙古、北京、青海等地考察，在各地宗教局的支持下，考察了上述地区的席力图召、五当召、大召、雍和宫、塔尔寺等，对这些寺庙的建筑格局、建筑风格及寺院内佛像的设置、装饰以及佛教的历史、禁忌等都做了实地调查和研究，结合从当地群众中了解的历史上妙因寺的情况和档案资料，提出妙因寺建筑设计的设想。在考察当中，得到呼和浩特席力图召十一世活佛卡尔文·吉来希日布·扎木苏、塔尔塔的奔巴活佛、赛多活佛、扎西活佛以及北京雍和宫大喇嘛拉西仁钦等的支持和帮助，并提出诸多具体建议。在众活佛、大喇嘛的帮助下，设计工程人员拿出了妙因寺一期工程大雄宝殿、天王殿、山门殿、钟鼓楼以及平安塔、众僧房的工程设计图，经有关人员审查批准，开始施工。

妙因寺的旧遗址在村屯内，多年村屯变化已不能再用。于是，当地宗教部门请来北京雍和宫的大师拉西仁钦大喇嘛，在查干湖畔实地测算求签，选中敖包山南侧依临湖水的向阳坡地为寺庙址，蒙古族民众无偿地献出了这片土地。2001 年 6 月 6 日，雍和宫拉西仁钦大师再一次光临查干湖，为妙因寺破土奠基诵经，保佑妙因寺吉祥。妙因寺一期工程约 3500 平方米，于 2002 年 7 月初竣工。2002 年 4 月初，由塔尔寺艺僧曲吉昂秀率领约 20 名塑像和彩绘艺人喇嘛来到查干湖，开始进行妙因寺的佛像塑造和大殿彩绘、壁画工作；6 月下旬，经过这些艺人喇嘛的努力，所有大殿 31 尊佛像完成，最高者 3.5 米，同时完成所有的壁画和彩绘。塔尔寺的艺僧们为妙因寺的恢复重建做出了重大贡献。寺庙建筑的同时，寺内绿化也同步进行。在大殿四周和院墙内，广植松、槐、榆、柳、枫、椿、丁香、梧桐等，包括银杏名贵树木，使妙因寺内一片苍遒翠绿、郁郁葱葱，成为幽雅、寂静的佛家道场。

为进一步完善妙因寺这座吉林省内唯一一座藏传佛教寺庙及满足广大佛教信众的需求，经多方考察、设计，妙因寺第二期工程于 2004 年 3 月开始施工。这期工程包括万佛殿、东西配殿、长寿塔、龙王庙等工程，建筑面积约 4600 平方米。二期工程于 2005 年末竣工，2006 年 6 月 19 日举行万佛殿开光庆典。二期工程中万佛殿内，塑有东北地区室内第一高佛——千手千眼观世音菩萨金漆木雕立像，全高 18.99 米，巍峨耸立，肃穆庄严，深受广大佛教信众和游客的喜爱。

妙因寺恢复重建以来，在民族宗教部门的领导下，坚持爱国爱教，坚持民族团结，坚持利乐众生。目前，每年接待游客 20 多万人，接待佛教信众数万人，寺里有登记发证居士 5000 余人，每天信众、游客络绎不绝，不但解决了全县蒙古族信佛群众的宗教场所，而且也为查干湖旅游经济开发做出了重要贡献。妙因寺的信众不仅是蒙古族群众，汉族和其他民族的佛教信众也光临这里，白城、长春、农安、延吉、大庆、内蒙古、沈阳、哈尔滨等地的居士也纷纷来到这里，参加妙因寺的法会、庆典及放生等宗教活动。

妙因寺现任住持格桑隆多，1978 年出生于内蒙古通辽市科左中旗，15 岁时在山西五台山罗睺寺出家，16 岁在青海塔尔寺受沙弥戒。22 岁时，只身去甘肃拉卜楞寺学经深造，修习《菩提道次第广论》、《因明学》、《三檀大戒》等佛学经典。其间，由嘉木样嘉木措上师授以大威德金刚灌顶、胜乐金刚灌顶、密集金刚灌顶。回

住持格桑隆多

到五台山后，仍在罗睺寺任翁斯达（经头）。2002 年，经北京雍和宫拉西仁钦大喇嘛举荐，来到妙因寺任住持。格桑隆多一心向佛，苦心修行，严守戒律，广施善缘。他对信众不论穷富、不论职业、不论男女，凡求见他指点迷津解除烦恼者，他都耐心地以佛教理论为依据、以佛家慈悲善念为怀，讲述"善恶因果""色空不二""性相一如""理事圆融"等道理，引导信众和谐相处、积极解脱烦恼。所以，住持与广大信众保持着良好的慈爱关系，深受信众的尊敬。

妙因寺内建立寺庙管理委员会。在住持格桑隆多带领下，众喇嘛遵守寺规戒律，每天清晨早起做早课，晚上集中学习藏语经文、诵经。白天除清扫佛殿、照看香火外，还要接待旅游游客，向游客讲解藏传佛教知识。为了培养这些喇嘛，除给小喇嘛补习汉语文外，集中学习佛礼佛乐，修持戒律，修持佛

法。多年来，妙因寺已经形成一个佛教的宗教团队、慈善团队，积极参加查干湖旅游经济活动的团队。妙因寺不仅是查干湖旅游的一个景点，众喇嘛们还经常参加诸如查干湖旅游节、查干湖冬捕节的庆典、醒网、祈福、放生等活动。在妙因寺的参与下，这些活动更加有声有色有特点。每年来查干湖放生的团队有2~3个，增强了人们保护环境、爱惜生命的意识，增加了查干湖区生物的多样性。

妙因寺众喇嘛广施善缘，积极参加社会慈善和社会救助活动。自恢复重建妙因寺以来，每年的重阳节和春节，寺内喇嘛们都带着油、米、面等物品，到寺庙附近和查干花等蒙古族集中的乡镇的敬老院去看望老人，并给信佛的老人念祝福经。查干花镇遭遇二次地震时，妙因寺送去了衣物、被褥、食物，还有化肥等物品，力所能及地帮助灾区群众渡过难关。在四川汶川大地震和雅安地震、青海玉树地震救灾中，妙因寺也积极通过各种渠道参加救灾、捐款。十年来，妙因寺累计捐出善款80余万元。

目前，妙因寺喇嘛已有40余人，住持格桑隆多已经是吉林省政协委员、松原市政协委员、前郭尔罗斯蒙古族自治县政协常委。妙因寺已经是吉林省境内重要的佛教活动场所，唯一一座藏传佛教寺庙。

三　名僧轶事

1　一世沙布隆云丹扎木苏活佛行医救世

妙因寺一世沙布隆云丹扎木苏活佛出生于科尔沁右翼中旗，即人们常说的图什业图旗的一个蒙古贵族家中。

清代，科尔沁部落分左、右两翼。左翼有三旗，中旗是清顺治朝孝庄皇太后的家乡，由孝庄皇太后的哥哥达尔罕亲王满珠习礼世袭掌管，所统有科左中旗、科左前旗（宾图郡王旗）、科左后旗及郭尔罗斯前、后旗，人们根据世袭封爵，俗称科左中旗为达尔罕王旗。科尔沁右翼也有三旗，右翼中旗由土谢图亲王执掌，人们俗称其为图什业图旗，所统有科尔沁右翼中旗、右翼前旗（扎萨克图郡王旗）、右翼后旗（镇国公旗）及扎赉特旗、杜尔伯特旗。左、右翼共十旗会盟于科右中旗哲里木山前，称为哲里木盟。

云丹扎木苏自幼出家在图什业图旗的巴彦和硕庙。巴彦和硕庙是哲里木盟的盟庙，清廷赐名为"遐福寺"，由哲里木盟十旗王公出资建造，是高僧内齐托因活佛布教弘法的道场。内齐托因活佛是在天启五年（1625）第一位来科尔沁传播佛教的高僧，科尔沁十旗的蒙古王公贵族在内齐托因的感召下，由萨满教转信藏传佛教，成为佛教虔诚信徒。为感谢内齐托因活佛，为其师徒众僧在科尔沁草原建起第一座藏传佛教的寺院，另有附属寺庙双福寺、慈福寺、广福寺、阐教寺四寺。该寺院最兴盛时期有喇嘛500余人。云丹扎木苏自幼聪慧过人，据传有"过目不忘"之才，入寺为僧后，潜心学习佛经，佛学知识进步很快。稍长，便离开巴彦和硕庙，前往外地拜佛求经，进一步深造。他最先来到呼和浩特的小召寺庙，在那里他有幸结缘于内齐托因三世活佛，拜三世内齐托因活佛为师，从此跟随活佛数年，并由活佛摩顶受戒。以后，为广求佛缘，又只身来到甘肃的拉卜楞寺，青海的塔尔寺，西藏的甘丹寺、哲蚌寺、色拉寺等格鲁派佛学寺院求学数年。在此期间，他深研显宗，以显宗佛经为主，后又兼学密宗，曾多次被活佛施以观音菩萨灌顶及大威德金刚灌顶、时轮金刚灌顶，达到显密兼通，佛家经典、仪轨、法术精湛，佛学造诣颇深，最后又回到了科尔沁草原的巴彦和硕庙。为了实现他普度众生、救世于蒙古草原民众之苦的愿望，云丹扎木苏又拜师学习《四部医典》和蒙医蒙药。由于其刻苦发心，钻研医术，并勤于实践，云丹扎木苏的蒙医术大有长进，很快就成为科尔沁草原上很有名气的大喇嘛。

乾隆二十一年（1756），当郭尔罗斯前旗扎萨克一等台吉阿拉布坦寻访大德高僧时，便将内齐托因三世活佛的弟子沙布隆云丹扎木苏喇嘛选中，聘以重礼，派专人请来到郭尔罗斯前旗。按扎萨克阿拉布坦的本意，原是想请云丹扎木苏活佛住持郭尔罗斯的旗庙崇化禧宁寺，但被云丹扎木苏婉言谢绝。云丹扎木苏立志以自己的力量建立道场，另建新的寺庙。云丹扎木苏到来后，带领自己的几名弟子游遍郭尔罗斯草原，最后被嫩江之滨的科布尔察罕大泊，即今天的查干湖所吸引，天光山色，绿水青山，鸟飞鱼跃，生灵勃发，查干湖边敖包山前依山面水，湖中有莲花盛开的地方，此处是佛家的缘分所在，是传弘佛法最佳的道场。于是，云丹扎木苏选择此灵杰之地安居下来，住的是土坯土房，吃的是粗米糙饭，渴了有清澈的湖水，累了有飞禽鸟兽为伴，广结善缘，清净无邪地专心修炼、传播佛法。

由于清朝政府对蒙古地区一向采取封禁政策，不准汉族人及其他人进入蒙古游牧地，当时的郭尔罗斯前旗是人少地广、一望无边的草原。在空旷的荒野上除偶遇牛、马、羊群外，蒙古包星星点点地散落分布着，这里的经济、文化相当落后，人们在深层意识中仍停留在"天苍苍野茫茫，风吹草低见牛羊"的自然环境中。人们除了游牧、生存、祭拜鬼神、祭拜佛祖，一年辛勤所得大部分献给神佛外，其余如生老病死都是顺其自然。虽然藏传佛教已经传入多年，由于喇嘛懂医的不多，会医而医术高明者不多，光靠诵经烧香、驱逐邪祟而病患不能解除，所以草原上的人生病之后，仍然习惯请萨满巫医以神鬼驱除、以祷告驱除，不肯用医用药治疗。

　　一世沙布隆云丹扎木苏活佛来到郭尔罗斯草原以后，在极力弘扬佛法的同时，活佛精湛的蒙医蒙药术在郭尔罗斯也显现出其长处，为草原上蒙古民众的身心健康带来了福音。在云丹扎木苏活佛来到郭尔罗斯不久，就遇到了一件事，引起了草原上的一阵波澜，很快便传出妙因寺里有了观世音菩萨转世的活佛，专为来草原传经送药、医病救人。此消息不胫而走，并迅速传遍草原。

　　在达布苏湖畔的达日哈都草场，住着一位蒙古世袭台吉，名叫乌力吉，家有数不清的牲畜，马群、羊群、牛群遍布达布苏湖畔，有喝不完的马奶和马奶酒，吃不完的手把肉，不愁吃喝。虽然有5个孩子，但是4个大的都是姑娘，唯有最小的男孩才10岁，虽然身体弱小但聪明伶俐，再加上乌力吉老年得子，对其十分疼爱，轻易不肯放他出门。可是偏偏霜打独根草，这一天他的宝贝儿子突然病倒了，而且病得不轻。乌力吉害怕极了，请喇嘛念经求神、祭拜佛祖，可儿子的病就是不见好转且愈来愈重。心急之下，他派人请来了郭尔罗斯著名的萨满女巫神娜仁·阿柏博，娜仁·阿柏博掐指一算，说孩子是冲犯了蛇精，需要用火神阵攻破蛇精的缠绑，烧死蛇精才能救小孩。为了救治孩子的病，乌力吉依从了巫神。于是，娜仁·阿柏博在蒙古包里给孩子的周边贴了一圈符咒，在蒙古包前草地上摆放了9堆干杏木疙瘩，中间放张小桌，桌子上放置弓、箭、刀等镇物后，点燃起杏木疙瘩火，不一会儿火焰腾起。娜仁·阿柏博身穿法裙，腰悬铜镜，手持神鼓，投身于杏木疙瘩的火阵之中。只见她不停地穿梭、旋舞，手中神鼓不停地敲响，口中念念有词，鼓声在火焰的噼啪声中激荡回响。这样连跳 3 天，孩子的病也不见好转，反而有了加重的意思。正在巫神娜仁·阿柏博不知怎么办的时候，恰好妙因寺的一世沙布隆云丹扎木苏活佛带着徒弟们化缘路经此地，得知此情景后，便向乌力吉提出要瞧瞧孩子的病。台吉乌力吉此时正焦急无主意，听说云丹扎木苏喇嘛要给孩子看病，立即答应，请活佛来到蒙古包。

云丹扎木苏看到孩子时，孩子面色苍白，在昏迷中无力地呻吟了几声。活佛感到与孩子有缘，孩子的病还可以救治。顾不上多说话，即叫徒弟们摆上香案，燃起香火，默默地念了一阵经文，然后便打开行囊，取出一根银针，将银针在酒火上烧了一下，便在孩子的太阳穴位上扎下针去。立即，一股紫红色的黑血从孩子的脸颊上流了下来。擦去血污，活佛又拿出艾蒿绒捻子点着火后，在孩子的太阳穴上烤了一会儿。慢慢地，孩子的脸色泛红，额头也微微出了一层细汗，蒙古包里人们的心情也开始放松了下来。活佛又取出皮药囊，用银勺子从皮囊中舀出一勺红褐色的药面儿，用清水调匀后给孩子喝了下去。又过了一个时辰，孩子呼吸均匀，慢慢地睡着了。乌力吉一家十分高兴，表示一定要重谢活佛。活佛说，我与这孩子有缘，治病救助众生是出家人的本分，只图结个善缘。活佛什么东西都没收，临走时，云丹扎木苏又取出黄仙纸，包了十几包药留给乌力吉，吩咐他每天的用法后便带着徒弟们上马走了。10 天后，乌力吉骑着马，用勒勒车拉着儿子来到了查干湖岸边云丹扎木苏的住处，千恩万谢，拿出带来的酥油、茶、米面等食品，还有 100 两银子，以此酬谢活佛。活佛将物品收下，供养庙里喇嘛，100 两银子记入化缘账簿里，告诉乌力吉准备盖寺庙时用。

从此，云丹扎木苏活佛神通广大、为结善缘治病救人的消息在郭尔罗斯草原传开。同时，也传出活佛正在化缘建盖妙因寺的消息。活佛云丹扎木苏在草原上看病不分贵贱、不分穷富，穷人看病一律不收钱款、一心解除众生苦难、广结善缘的做法感动了郭尔罗斯草原上的蒙古民众，纷纷传说草原上来了一位救世的活菩萨。从此，那些萨满神巫们也退避三舍，一听说云丹扎木苏活佛在哪儿传经布道，都纷纷躲避，不敢再轻易用巫术治病了。与此同时，当人们听说云丹扎木苏活佛要建妙因寺，也都纷纷解囊相助，布施银钱、财物、牲畜等。蒙古王公大小贵族纷纷出银子，少者数百两，多者数千两，没有银钱的赶来了牛羊，加上师徒们的苦修化缘、传经布道，时间不长，修建妙因寺的钱款就筹集得差不多了。清乾隆二十三年（1758），开始动工，两年后，大佛殿建成，僧房、斋房、膳房等一应俱齐，从此，一世沙布隆云丹扎木苏活佛的道场——妙因寺建成。同时，云丹扎木苏将此寺庙当作庆贺乾隆皇帝当年的万寿贺礼，通过扎萨克阿拉布坦上奏理藩院，请乾隆皇帝赏赐有满、蒙、藏、汉四种文字的寺庙匾额——妙因寺。

云丹扎木苏活佛一心向佛，潜心深研佛理，修习佛法，钻研佛学经典。他坚持先显后密、显密兼通的修行理念。他认为修行的最终目的不仅是自己成佛，更重要的是救民于苦海，普度众生，解脱六道众生的苦难，为众生走进佛国极乐世界而修善积德。所以他在深研佛学的同时，也深研蒙医学。自参加京师六十呼图克图"洞礼"经值班后，云丹木苏活佛几乎每年都去京城，一路参佛祭庙，常与京城内外高僧大德谈法，有时也与各地医僧相遇，共同探求佛理医理，活佛的法术医术更加通达无碍。

据有关地方资料记载，乾隆三十年（1765）前后，在郭尔罗斯草原上曾发生一场瘟疫，威胁了很多人和牲畜的生命，通过一世沙布隆云丹扎木苏活佛广散"救生汤"，才避免了人和牲畜的死亡。当时，人们和牲畜都陷入瘟疫灾难之中，牧人们无法放牧，牲畜已经有了成群的病例，这场连人带牲畜一起闹瘟疫的事情，在郭尔罗斯草原并不多见。这场瘟疫弄得人心惶惶，谣言也跟着四起，很多蒙古包内挂起了"吉雅其"神像，牧人的蒙古袍内也揣着"吉雅其"像，人们纷纷跪拜在佛和菩萨面前，烧香磕头许愿、寻求佑护，一时间弄得草原上沸沸扬扬。云丹扎木苏活佛从几个来妙因寺里看病的牧人嘴里得知此情况后，马上带着徒弟赶到牧区蒙古包，几位病人通过治疗，病情都有好转。活佛心里有了底，赶紧告诉当地牧人和寺里的喇嘛们，每人带上铁锹和筐，到山上去挖取一种叫"才呼"和"希黑热额布斯"的草药根；挖回之后用清水洗净，放在大锅里熬煮成汁汤，在妙因寺前和附近的蒙古包前发放，不管有病没病，有病的人多喝，没病的人少喝。两天之后，人们喝了活佛的草药汤后，有病的人感觉病轻了，无病的人感觉精神清爽了。于是人们都叫这种药为"救命汤"，并快速地在草原上传播开，人们自己动手挖草药、熬制药汤，这场瘟疫被人们躲过去了。于是人们又用此法加大剂量给牲畜饮用，牲畜的病情也有所好转。在各个草场上，蒙古包前，都有人在挖药、采药和熬汤。一个月后，牲畜的瘟疫也有所缓解，病情都好转了。当人们知道此"救命汤"是妙因寺活佛云丹扎木苏最先使用和传播出来时，纷纷赶到妙因寺，烧香敬佛、布施财物，表达对活佛的感谢。此后，人们对活佛更加敬重了，到寺里进香念经的人更多了，连郭尔罗斯后旗和达尔罕旗的人们也都知道了云丹扎木苏活佛的神通，草原上传说着一世沙布隆云丹扎木苏活佛是观世音菩萨转世，专门来草原救助人们、救助草原上的牲畜、救助众生脱离苦海。从此，妙因寺的名声更大了。

一世沙布隆云丹扎木苏活佛于乾隆三十二年（1767）因病圆寂。

2　玛尼扎布苦修成佛扩建妙因寺

自藏传佛教的噶举派支系噶玛噶举创始人都松钦巴，在南宋绍熙四年（1193）临终时嘱众弟子他要转世，首创活佛转世，一直到元至元二十年（1283）噶玛噶举派首领噶玛巴喜圆寂，正式通过仪式确定"转世制度"以后，其他教派也都相继采用了活佛转世制度。

根据佛教大乘学说，佛有三种佛身，即法身、报身、应身。其中应身（化身）是指佛为了度脱世间众生，随三界六道之不同状况和需要而献之身。活佛便是"三种佛身"中的第三种"应身"（化身）的具体表现。所以，依佛家之说，活佛的根源都是诸菩萨的化身，活佛的职责也要同菩萨一样，利乐世间众生。于是，每一位活佛的最高理想是解脱自己，然后为了众生利益，抛弃这种解脱而重返人世。修行好的喇嘛的灵魂不会随着肉体的死亡而死亡，而是能够通过另一个肉体获得新生，这就是活佛转世。

藏传佛教传入蒙古地区后，蒙古地区的寺院在传袭藏传佛教的同时，也传承了活佛转世的制度。清朝皇帝为了尊崇和扶持藏传佛教，以制度化和法律化的形式制定了对藏传佛教上层喇嘛的各种封号和活佛转世所必须履行的程序、确认方法等。通过执行这些程序和方法转世的活佛才能得到清朝朝廷的认可。圆寂的活佛转世与否，都由寺庙的喇嘛通过拜见高僧活佛（西藏的达赖、班禅活佛最好，其他著名活佛也可以），高僧活佛通过测算（一种方法是"降神询问"，一种方法是"卜算"，一种方法是"圣母湖看显影"），判断出转世灵童的所在方向、距离范围、降生时间等条件，然后将具备这些条件的孩童寻访到，将他们的名字装入"金奔巴"瓶中，在高僧和中央或地方官员的监督下诵经、祈祷，最后以抽签的方式确定。

妙因寺自三世沙布隆活佛洛布桑旦巴拉布杰在乾隆五十七年（1792）圆寂后，其转世一直没有被寻访到。直到嘉庆十六年（1811），在郭尔罗斯前旗扎萨克辅国公恩克托克托琥的执意要求下，妙因寺的扎甫大喇嘛带着恩克托克托琥赠送的银两和礼物，远赴西藏扎什伦布寺，拜见班禅七世大师丹白尼玛

活佛，请求指点妙因寺四世沙布隆活佛的现身。七世班禅大师
丹白尼玛经过测算，告诉妙因寺扎甫喇嘛，四世沙布隆已经在
嘉庆二年（1797）转世，可在妙因寺的西南方向800里内寻
访，并告知，灵童已经进入了佛门。众喇嘛听后十分高兴，辞
别班禅大师离开西藏，于嘉庆二十年（1815）夏季赶回妙因
寺，立即告知扎萨克辅国公恩克托克托琥，然后组成寻访团，
分成两组，按班禅大师指点向西南方向寻访。因为转世灵童已
经出家，寻访团只在有寺庙的地方寻找。嘉庆二十一年
（1816）春，先后在科尔沁左翼达尔罕王旗花土古拉的唐阿里
克庙（寿安寺）和莫力地方的莫力庙（集宁寺），寻访到两位
已经出家的小喇嘛，然后将他们的名字和寻访过程报到理藩
院，经理藩院批准，在北京雍和宫用金奔巴瓶执签确认，玛尼
扎布被确认为妙因寺三世沙布隆洛布桑丹巴拉布杰的转世。同
年，被迎请到妙因寺坐床。

玛尼扎布是科尔沁左翼达尔罕王旗人，俗姓包，其父亲是
世袭三等台吉，家中有兄弟三人。按照清朝规定，兄弟三人者
必须有一个出家当喇嘛。玛尼扎布9岁时便出家在达尔罕王旗
的唐阿里克庙，妙因寺寻访到他时，他已经19岁，在唐阿里
克庙出家已10年。在这10年中，由于玛尼扎布聪明好学、佛
缘深厚，入寺之初便表现出超常的能力。虽然年纪小，但严守
寺规，在喇嘛师傅的指教下，苦心学经诵经，从不懒惰贪玩，
全力投入到佛学经典的学习中，深得喇嘛师傅的喜爱。13岁
时，由唐阿里克庙里的达喇嘛授沙弥戒。16岁时，只身来到
甘肃的拉卜楞寺和青海的塔尔寺等藏传佛教格鲁派寺院，学习

显宗经典。学经期间，由于供养人经济条件所限，玛尼扎布经常处于尴尬的境况，他独身自理，克服种种困难，每日里除背诵师傅布置的经文学业外，还待候师傅的饮食起居，自己操持伙食。他的膳食单调简单，粗米清汤，以充饥果腹而已。玛尼扎布意志坚定，苦心修习，佛学经典掌握很快。他利用显宗学习可以自修，理性、思辨性强，概念的、逻辑的内容多等特点，在经师的指导下掌握和忆诵很多经文，经常参加佛经辩经活动，很快就掌握了显宗基础的、普及性的佛学理论。他以学会佛经为趣，以深理佛经真奥为乐，以每次参加辩经有所收获为荣，不久，玛尼扎布在塔尔寺由活佛受比丘戒。与此同时，玛尼扎布还兼修密宗，并得到塔尔寺活佛的观世音菩萨灌顶和拉卜楞寺活佛大威德金刚灌顶。

由于玛尼扎布聪慧好学，佛缘深重，几年来以修习显宗为主，兼修密宗，年纪轻轻便显密兼通。玛尼扎布还通晓蒙、汉、藏语言文字，通晓医药经典，能用蒙医蒙药医治病人，待受得比丘戒时，其佛学、佛法、佛事已经通达无碍，成为有学识、有抱负的年青喇嘛。

玛尼扎布坐床妙因寺后，其第一心愿，就是继承前世诸活佛对藏传佛教的传承和弘扬，扩大妙因寺的佛缘。做的第一件事，便是立志靠自己的缘分和力量，扩建妙因寺。妙因寺自一世沙布隆云丹扎木苏活佛在乾隆二十三年（1758）初建以来，已初具规模，建成了藏式大经堂和众多僧舍僧房，但多年以来一直没有维修；另外，由于妙因寺喇嘛的增多和各经部的设置，还需要增建佛殿。

　　玛尼扎布活佛坐床第三年，恰好赶上郭尔罗斯遭遇多年不遇的天旱。此时的郭尔罗斯前旗，其西部草原上的蒙古人还保持着放牧为主的游牧生活状态，而其东部靠近柳条边墙的长春宽城子、德惠四大乡、农安夹荒一带都已经将牧场草原放垦，形成以农业耕种为主的农耕区，关内大量汉族农民涌入郭尔罗斯蒙地，在包地"揽头"名下租种土地。一些蒙古族人也成为地主，将地租给汉人耕种，地主收取租赋。天气大旱造成游牧区水源缺乏，牲畜出现饮水短缺和草场枯萎，农耕垦区更是灾荒呈现，庄稼开始枯黄、虫灾漫起。这些种田的汉族人由于穷困，从关内闯关东而来，干旱使这些农民食不果腹、衣不遮体、人心惶惶。在各地民间出现了很多抬着龙王像，敲锣打鼓、手拿水盆水桶游街串巷，祈求老天降雨的队伍。但是老天就是不下雨，天上连朵云彩都没有。眼看着就要饿殍遍地了，在这关键的时刻，妙因寺四世沙布隆玛尼扎布活佛为救众生，应旗扎萨克辅国公恩克托克托琥之请托，在妙因寺外查干湖岸边设下祈天大愿求雨法会，念经祈祷七七四十九天。都说旱天难下雨，也许是祈雨法会和活佛的善行感动了上苍，在祈雨大法会的第三十九天，草原上乌云密布，天降瓢泼大雨，连续下了三天三夜，此次降雨范围之大、雨量之足都是草原上少有的。不但在郭尔罗斯境内，连附近的达尔罕王旗、江北肇源、伯都纳厅和长春、宽城子、德惠、农安等地都普降甘霖。百姓们欢呼雀跃，王公贵族脸上露出笑容。当人们得知妙因寺召开祈雨大法会，四世沙布隆活佛求得甘霖时，人们更是一片称奇，纷纷双手合十，口念阿弥陀佛，感谢活佛祈雨，感谢佛祖显灵。当人们得知妙因寺活佛欲扩建寺庙佛殿时，纷纷慷慨解囊，人们多有多出，少有少出，无钱捐物。长春农安一带的地主、"揽头"和蒙古王公们，纷纷将钱、款、物捐向妙因寺。玛尼扎布活佛得天时，顺民意，救民于灾、普度众生的善念感动了百姓，所以活佛要维修扩建妙因寺的心愿很快就实现了。为了顺应郭尔罗斯东部农耕区域的汉族地主、"揽头"、农民的意愿，在设计妙因寺新建佛殿时，特从北京请来泥水瓦工匠师傅，采用汉族建筑和藏式建筑相结合的方法，将佛殿的顶层设计成汉式传统的大屋檐歇山式结构，配饰黄澄澄镏金宝顶和法轮祥鹿，以满足农耕区广大汉族农民信众和游牧区蒙古族信众的共同心愿。同时，在新旧佛殿的后方，建起二层藏式平顶小楼，作为活佛斋院。至此，妙因寺的整体建筑规模已达到历史上最为壮观的时期。大经堂、大佛堂两座大殿，都是九九八十一间的格局，高大雄伟，富丽堂皇。殿内有大小金铜佛像1000余尊，高者丈余，小者仅数寸，有佛祖、菩萨、罗汉、侍者、法王、金刚、度母等，尊尊都是精雕细塑、藏传佛教文化之宝。活佛斋院是妙因寺的核心，以后的历世活佛都修习在这里。围绕着活佛斋院和两大佛殿，有北仓、东仓、西仓之分，各有扎甫喇嘛和管家喇嘛执事，活佛主持妙因寺一切佛事。随着妙因寺在广大信众中地位的上升，寺庙的香火更加繁盛，寺庙的经济也跟着富裕起来。据清末宣统年间的《郭尔罗斯前旗报告书》记载，妙因寺内除沙布隆转世活佛外，驻"扎甫喇嘛1人。德木其喇嘛1人，格卜慧喇嘛1

人"。"四世转世佛玛尼扎布时代，呈奏理藩院为属寺增添了班弟度牒 10 份"，"有庙地 605 垧"，"由公爷府岁给香资钱 100 吊"。附近的福兴寺喇嘛迁来后，两寺共有在册喇嘛百余人，加上云游喇嘛，最多时近 200 人，庙地共 1300 多垧。这些庙地除庙里庙奴自己耕种一部分外，大部分出租给附近农户耕种，由妙因寺收取地租，另有牛、马、羊群。每年由信徒施舍给庙上的资财无数。

道光五年（1825），玛尼扎布活佛实现完扩建妙因寺的心愿后，又一次远赴甘肃的拉卜楞寺，拜访高僧活佛，进一步深研显宗、密宗佛典。在佛教中，除了有大乘佛教和小乘佛教两大派别外，佛教内部还有显宗、密宗之分。显宗是应身佛释迦牟尼所说的种种经典，修习时主张公开宣道弘法，教人修身进佛，要人悟道。密教是毗卢遮那（大日如来）佛（即法身佛）直接所传的秘奥大法，其法重视传承、真言、秘咒，要人修持，以求即身成佛。公元 8 世纪，印度佛教密宗大师莲花生进入吐蕃地区传播密教，对藏传佛教密宗的产生和发展有着极为深远的影响。庆历二年（1042），印度另一位密宗大师阿底峡尊者来到西藏阿里地区，对当时藏传佛教进行了有效的整顿，规定修次弟、端正密宗仪轨等，重振了密宗在藏传佛教中的正统地位。13 世纪初，佛教在印度被泯灭后，唯有藏传佛教保留了密宗四部修习的完整形态，是唯一的密宗佛教。15 世纪初，青海僧人宗喀巴在总结藏传佛教诸派思想的基础上，独创了一套自己的佛教体系，逐渐完成《菩提道次第广论》《密宗道次第广论》《中论广释》等多篇佛学著作，创立了格鲁派的佛教理论体系，主张先显后密、显密兼修。甘肃拉卜楞寺是全国藏传佛教格鲁派六大中心之一，传说拉卜楞寺的最高活佛嘉木样协巴呼图克图是文殊菩萨化身。三世嘉木样活佛罗桑图旦久美嘉措（1792~1885）精通显密两教，佛学造诣极深，被清朝道光皇帝赐予"扶法禅师"称号。玛尼扎布此次远赴拉卜楞寺，就是要静心修习藏密"四级独立门户之金刚大法""三位一体之秘密修持法"和"藏密人佛合一法"，拜高僧为师，秘密授受，法统师承。在几年的修行实践中，精通了藏密复杂烦琐的设坛、供养、诵咒、灌顶等密宗仪轨，同时多次接受金刚上师的灌顶和加持，四世沙布隆玛尼扎布活佛真正修行到显宗、密宗通达无碍的境地。

自一世沙布隆云丹札木苏活佛开始，妙因寺活佛便被清朝理藩院列为京师六十呼图克图参加"洞礼经"值班，为当朝皇帝念保佑心身健康的"祝福经"，所以经常进京觐见当朝皇帝。四世沙布隆玛尼扎布坐床以来，也和其先世一样，入"洞礼经"值班，道光二十一年（1841）入京参加"洞礼经"值班念经时，得到道光皇帝的赏识，道光皇帝赏赐玛尼扎布活佛"绿幔车"一乘，供其享用，这是妙因寺历世活佛得到朝廷最高的赏赐。以后，五世活佛耶熙索德巴也在光绪十二年（1886）时，得到光绪皇帝"绿幔车"的赏赐。

道光二十九年（1849），四世沙布隆玛尼扎布活佛因病圆寂，享年58岁。

3 宝音达赖显灵退匪

妙因寺六世沙布隆宝音达赖，于光绪十四年（1888）出生在科尔沁左翼达尔罕王旗的一个贵族家中，其叔父是达尔罕亲王索特那木朋素克旗下的二等台吉，俗姓包。五世沙布隆耶熙索德巴活佛于光绪十三年（1887）圆寂后，妙因寺的扎甫大喇嘛璋楚布格隆即派人携带重礼，前往青海塔尔寺求见活佛喇嘛，请求阿嘉活佛为转世灵童指点出处。4 年后，派出的喇嘛风尘仆仆地回来了，带回了阿嘉活佛的佛旨：五世沙布隆的转世灵童已经于光绪十四年（1888）降生，应在妙因寺的正西方向、附近有虎有寺的地方寻访。

根据阿嘉活佛的指点，妙因寺马上派出寻访喇嘛一路西行，按此方向寻找有老虎出没和有寺庙的地方。其实，在科尔沁左翼达尔罕王旗内有一个叫朝鲁吐嘎的地方，这里有座小庙，因建庙时庙里供奉一只斑斓猛虎，因而当地人都叫此庙为虎庙，有几名喇嘛住在庙里修行。宝音达赖的父母就住在虎庙附近。妙因寺寻访灵童的喇嘛来到虎庙时，被虎庙的名字所吸引，顿时醒悟：此地有虎有庙，正是转世灵童降生的地方。这天刚刚要下雨，几个喇嘛就来到虎庙避雨，顺便和庙里的喇嘛们谈起寻找转世灵童一事。虎庙喇嘛告诉他们，附近姓包的人家就有一个小男孩，常来庙里静静地观佛像，听念经，也就是四五岁的样子。喇嘛们一听十分高兴，立刻请虎庙的喇嘛带他们一起去包家。这天早晨孩子刚起床，就告诉他额娘收拾一下

屋子，今天有客人要来，全家人谁也没有在意。当众喇嘛来到
家里时，孩子却迎着众喇嘛说，我的佛珠给我带来了吗？众喇
嘛一阵惊喜。只见小孩子方面大耳，天性聪明，一脸的福相，
这不正是妙因寺要寻找的活佛转世灵童吗？于是打开包袱，从
中拿出很多水果和糕点，还有经书、佛珠、铃杵等法器。孩子
什么也不要，直接将一串玛瑙佛珠抓到手里，不停地翻看摆
弄。此佛珠正是五世沙布隆耶熙索德巴活佛生前的心爱之物。
众人称奇，喇嘛就将为妙因寺圆寂活佛寻找转世灵童的来意告
诉了孩子的家人，全家人都十分高兴，马上备办宴席，款待众
喇嘛。根据虎庙喇嘛和当地牧人的提供，还在附近寻访到另两
名符合转世灵童条件的一个胡姓孩童，一个陈姓孩童。妙因寺
的喇嘛十分高兴，连忙修书将寻访的情况派人赶回寺里报与扎
甫大喇嘛。扎甫大喇嘛璋楚布格隆又将此事报到扎萨克公爷
府，后经理藩院批准金瓶抽签确认，最后确认包姓孩童为五世
活佛的转世灵童。并于第二年六月，由妙因寺扎甫大喇嘛璋楚
布格隆率队，由公爷府出资，驾着全鞍马和山西轿子车，带着
重礼，来到达尔罕王旗，迎接转世灵童回寺。

　　转世灵童法名宝音达赖，坐床仪式时，妙因寺开大法会七
天，附近寺庙和科尔沁其他九旗寺庙的活佛、高僧喇嘛都齐聚
妙因寺，诵经祭佛，祝贺宝音达赖小活佛坐床。妙因寺里像过
年一样，开设粥棚舍饭七天。旗内的札萨克公爷、协理台吉、
章京、梅林等都用大小车辆，满载猪、牛、羊、糖、奶、茶和
布料、粮食等物品给寺里布施，这些王公贵族带着全家大小，
烧香上供、念佛求经、许愿祈祷，趁此活佛坐床的吉日来祈福

消灾、保佑吉祥平安。还有的带来了摔跤手、骑手、射手，在妙因寺外敖包山下的草场上安置蒙古包，圈起场地，比赛摔跤、赛马和射箭等。妙因寺附近的农牧民更不放过这大喜的日子，放下手中的活计，赶到这里看庙会，看跳"鬼"（查玛）。一些商贩也赶来凑热闹，摆起小摊贩卖针头线脑。一时间，妙因寺里外人山人海，热闹非常。活佛坐床法会是难能一遇的事，笃信佛教的人们是不会错过这场盛大佛事的。

宝音达赖虽然年幼，但天性聪慧，一心向佛。坐床以后，全意诵读佛经，妙因寺大喇嘛特拜请扎萨克图旗葛根庙的活佛为宝音达赖的师傅，另有寺内老喇嘛璋楚布格隆每日教授经文和佛家礼仪，起居饮食皆有专门的喇嘛照管，小活佛只管苦心修行、严守戒律。12 岁时，被葛根庙活佛受沙弥戒，21 岁时，受比丘戒，成为郭尔罗斯妙因寺里的大佛爷。

光绪三十二年（1906），六世沙布隆宝音达赖向清理藩院报请六年假期，前往西藏拉萨藏传佛教格鲁派寺院学经深造，光绪三十三年（1907）动身启程。宣统二年（1910），哲里木盟盟长、盟武备兵防官统兵扎萨克、郭尔罗斯前旗札萨克辅国公（镇国公衔）齐默特色木丕勒在通过吉林省巡抚衙门呈给清朝理藩院的报告"郭尔罗斯前旗境内寺庙喇嘛品级情况调查"时，宝音达赖正在西藏学经尚未返回，因此没有参加朝拜宣统皇帝和"洞礼"经的值班活动。民国 2 年（1913），妙因寺六世沙布隆宝音达赖活佛功成德满佛法精通后，从西藏返回郭尔罗斯，重新进驻了妙因寺。

民国初年，国民政府对西藏和蒙古地区的宗教政策仍然按照清朝政策执行，藏传佛教在这些地区的寺庙中一如既往地传承着。但是随着各系军阀混战和帝国主义列强的入侵加剧，全国的政治、经济局面陷入混乱，社会治安也受到严重威胁，土匪横行、兵匪遍地。地处松花江和嫩江之畔的郭尔罗斯，漫无边际的草原和柳条通、茂密的江河沟岔成了土匪经常出没的地方。据一些地方资料记载，当时在前郭尔罗斯境内的大小土匪"绺子"竟有十几伙，他们烧杀抢掠，搅得地方不得安宁。此时，郭尔罗斯前旗的扎萨克辅国公齐默特色木丕勒已经连升五级，被国民政府封为和硕亲王，哈拉毛都的公爷府已经被翻建为王爷府，这里成为全旗政治、经济、文化的中心。为了维护封建贵族的统治、维护宗教特权、保护寺庙不被土匪搅扰，王府派出一个排的蒙古兵，驻扎在妙因寺东面"八排"屯，并将妙因寺包括佛殿、活佛斋院、各扎仓、喇嘛房等用高大的土围墙围起，前后左右共修了五个大炮台，将蒙古兵丁分成六个班次，将庙门和五个炮台每处放一班，日夜值班守护着妙因寺。为避免土匪烧杀抢掠，妙因寺周围村屯的一些村民和佛教信徒，也携家带口挑担推车涌进寺内躲避土匪。宝音达赖活佛和寺内的喇嘛们以慈悲为怀、善念为本，在为逃难人们提供方便的同时，支起大锅熬粥，救助那些无家可归、无依无靠、在庙里避难的民众。土匪们听说妙因寺里有一个排的兵力守护，再加上土围墙和炮台，一时间也没敢搅扰寺里。

守护妙因寺的蒙古兵大多有家有口，时间一长，这些蒙古兵就耐不住寂寞了。因为人少，白天炮台上只用一个人站岗放哨，其他人便将枪支成排地挂在炮台内墙上，退下子弹、锁上大栓，就该干什么干什么去了。有那么一段时间，从炮台里传出闹鬼的事来。在妙因寺后院墙的腰炮台里，大白天里面没人，有时却能听见里面有人拉枪大栓的声音；有时候兵丁进炮台转向，怎么也找不着门，据说就像被什么迷住了一样。有一天，人们都在院子里纳凉、拉扯闲话，忽然听见腰炮台里有拉枪栓的声音，有兵丁刚要进去看看，突然"吭"的一声枪响了，紧接着"哗啦"一声，墙上的马灯也滚落到地上。这些兵再也沉不住气了，纷纷找到排长敖尔布，说炮台里闹鬼，要求回家不干了。敖尔布排长没有办法，只好找到宝音达赖活佛，请活佛想办法。

为了稳住这些兵，保护寺庙和寺里的百姓，宝音达赖经过一番准备后，带领贴身小喇嘛来到后腰炮台，在炮台门外正对着门的地方坐下来。摆好小方桌，点上香烛，摇起法铃，敲响法鼓，念起经来。念完经，宝音达赖活佛向炮台门口连吹三口气，然后用佛杵指着炮台门里说：妖孽还不显形！这时小喇嘛刚好抬头一看，"妈呀"一声，小喇嘛仰面朝天昏了过去。院里的人们赶紧过来将小喇嘛扶起，只见他满脸煞白，牙关紧闭，双手攥成拳头，豆大的汗珠从脸上淌下来。人们将他抬回房后，大喇嘛叫人抓了两副草药，让人服侍他喝下去，盖上被子让他睡着。从此以后，腰炮台再也没什么动静了，闹鬼的事也渐渐平息了。后来人们问小喇嘛看见了什么，开始他不敢说；之后流传出来，活佛当时用杵一指，从炮台门里爬出一个怪物，青脸绿毛、眼似铜铃、大嘴獠牙地跪在那里向佛爷讨饶呢。此事传出寺外，人们似信非信。可是一向迷信的土匪们却信以为真，活佛有如此法术，不可轻动妙因寺。

　　大约在 1937 年，前郭境内来了一股从农安流窜进来的土匪，叫海青绺子。这群人初来乍到，有点不信邪，一直听说妙因寺很富，总想打妙因寺的主意，没有把活佛和守庙的一排兵放在眼里。这一天，给寺里捎来话，说他们绺子要去江东肇源，正好路过妙因寺，要在妙因寺"打尖"，顺便拜拜佛。庙里得此消息后一时乱了阵脚，宝音达赖活佛也一宿没睡、坐卧不安。活佛意识到，这哪里是歇脚拜佛，分明是趁机洗劫妙因寺。土匪要是进了庙，二百来年的妙因寺要遭殃不说，在寺里避匪的百姓也难逃厄运。于是活佛将各仓管事和守庙排长召唤到一起，大家共同商量对策。守庙的兵名为一排，实则 20 多个，都是从蒙古族老百姓中挑选身体好的进来的。平时打猎可以，真与匪徒面对面、枪对枪地打一仗还真不行。大家一时也没了主意。最后，西仓管家丹巴道尔吉推荐了一个炮手，叫色音吉日嘎，家住在牙木吐，外号"三节杆"，打枪神射，指哪儿打哪儿，弹无虚发。但是此人出手要价高，且单靠他一人也挡不住那么多土匪。宝音达赖活佛想了半天说："炮手要钱多少由我出，最好想个办法让土匪绕过此路别来妙因寺，免得咱们佛家净地刀光剑影生灵涂炭啊。"活佛的话提醒了大家，最后决定找一个会说汉语、能说会道胆大有为的人带领"三节杆"一起去见土匪，晓以利害、先文后武，凭活佛的神通镇唬一下土匪，或许这样做有效。经大家商量，活佛委托西仓大管家丹巴道尔吉带领排长敖尔布和"三节杆"神射色音吉日嘎三人一起去见土匪头子。事先与土匪约定了时间地点，三人在小土匪带领下在二莫的后山见到了匪首海青。海青这个人庄户出身，既贪财又迷信，惦记着妙因寺的财物，也很忌讳活佛的神通法术，见活佛给他的信上说，请他发善心免开杀戒、胜造七级浮屠的话后，心想求财不如保命，妙因寺活佛显灵的事他后来听说过，心里不免迟疑起来。但迫于面子不甘心，听说来人中有神射"三节杆"，他想不妨探探虚实，于是提出要和"三节杆"比试枪法，这正合妙因寺来人之意，马上答应。匪首海青就让小土匪在后山一里地外用枪举起帽子，说好与"三节杆"每人三枪，"三节杆"先打。"三节杆"果然名不虚传，三声枪响后，小土匪骑着马跑回来报与海青，海青一看三枪连中帽檐，不免心服口服，自己也不打了，答应绕道妙因寺。宝音达赖活佛的神威和"三节杆"色音吉日嘎的神射压住了土匪的风头，使海青打消了洗劫妙因寺的邪念，妙因寺躲过一劫。

此事传出后，各路土匪知道了此事，而且越传越神，人们都说这是活佛显灵的结果。从此，土匪再也没光顾过这一带，妙因寺周边的百姓也安下心来，逃难的百姓也纷纷离开寺庙回家。妙因寺六世活佛显灵的事一直流传至今，妙因寺的香火也更加旺盛。

4　四克基佛爷义斥三爷喇嘛

在妙因寺里，有一个很出名的喇嘛，俗姓包，名叫舍布格。他原来是四克基福兴寺的住持喇嘛，在清末民初时，由于福兴寺管理不善、房屋年久失修，不能再继续做佛事道场，包舍布格就带领全体喇嘛迁居到妙因寺，妙因寺将一座佛殿供福兴寺喇嘛使用，平日里他们与妙因寺的喇嘛们一起修行、一起开法会。包舍布格喇嘛平日很少住在寺内，在四克基村有他自己的佛堂。由于舍布格喇嘛佛学深、医道精，人们都称他为四克基佛爷喇嘛。

四克基佛爷喇嘛于光绪八年（1882）出生于郭尔罗斯前旗西部大老爷府所属的大官营子村。他自幼出家，精通蒙、汉、藏语，年轻时曾去西藏的大昭寺、青海的塔尔寺、甘肃的拉卜楞寺等著名格鲁派寺院学经，深造多年，所以佛学造诣很深，在内蒙古及东北三省的佛教界享有很高的声誉，民间也都知道四克基佛爷喇嘛的威名。在妙因寺里，他是活佛宝音达赖的有力助手。特别是四克基佛爷喇嘛有很高的医术，精通蒙医蒙药，所以他常年云游四方给百姓看病，关心百姓疾苦、体恤民情。由于他性格刚直不阿、敢说敢为，僧俗两界对他都很敬畏。他不外出云游时，就在四克基村自己的佛堂里念经修道，很少会外人。

光绪二十一年（1895），因郭尔罗斯前旗原扎萨克喇嘛圆寂，旗扎萨克辅国公齐默特色木丕勒将自己出家当喇嘛的三叔阿穆尔钦格勒图向理藩院推举为旗扎萨克喇嘛，人们都称他为"三爷喇嘛"。此人为人骄奢淫逸、专横暴戾，因为自己的侄子是直接承袭爷爷的辅国公爵位任旗扎萨克的，阿穆尔钦格勒图便经常涉足旗内政事、不守教规，常拉拢贪官污吏参与出卖旗地活动，搜刮民财、中饱私囊。久而久之，此事引起郭尔罗斯前旗旗内僧俗两界极为不满，但凭借他侄子旗札萨克辅国公的权势和阿穆尔钦格勒图扎萨克喇嘛的宗教势力，人们敢怒不敢言。四克基佛爷喇嘛对阿穆尔钦格勒图的所作所为也极为不满，愤愤不平。后来听说三爷喇嘛在京城有寓住之所，经常以和京城官员交际为名而光顾京城大戏院和高级酒家，吃喝玩乐、挥霍无度，严重地违反了佛家戒律，四克基佛爷喇嘛更为气恼，于是在光绪二十六年（1900），向阿穆尔钦格勒图发出檄文，将三爷喇嘛不守戒规的所作所为一一予以批评，以此告诫其收敛。不想这下惹恼了一向骄奢的三爷喇嘛，为了当面整治四克基佛爷喇嘛，他下令假传四克基喇嘛入扎萨克府扎萨克斋院议事，以借机抓捕四克基佛爷喇嘛。四克基佛爷喇嘛知道此事是三爷喇嘛借机报复，根本没理他的传话。三爷喇嘛恼羞成怒，派出公爷府的蒙古府兵前往四克基村捉拿四克基喇嘛。可是府兵们素来知道四克基喇嘛的为人，都惧怕佛爷喇嘛的法术和神通、不敢直面佛爷。这些府兵走到半路上即谎称四克基佛爷喇嘛有埋伏，可能是佛爷显灵，连枪栓都拉不开，便悄悄地撤回去了，气得三爷喇嘛破口大骂。此时，因为公爷府内其他叔爷、福晋等平时都很迷信四克基佛爷喇嘛，听说此事后，都劝三爷喇嘛罢手，以免把事情闹大、败坏全旗佛教寺庙的名望。三爷喇嘛没有办法，只好罢休，但他又咽不下这口恶气，于是想到借刀杀人的办法，连夜去吉林巡抚衙门，向吉林省将军告诬状，说四克基喇嘛私养庙兵、不守寺规、抗上造反等，要求将军派兵捉拿，吉林将军将信将疑，不好驳扎萨克喇嘛的面子，就派人往郭尔罗斯前旗妙因寺，捉拿四克基佛爷喇嘛。

　　四克基佛爷喇嘛被押到省城后，正值吉林将军的儿子突发急病卧床不起、上气不接下气地喘，急得将军夫人流泪不止。晚上夫人睡梦中有人指点，告知妙因寺的佛爷喇嘛已来省城，佛爷能治此病。夫人将此事告知将军，将军也感到惊奇。因救子心切，吉林将军一早便命人将四克基佛爷喇嘛带到内府，要求给孩子看病。四克基喇嘛见到孩子，用手摸摸体温，认真揣摸后，便在孩子的头上摩顶三次，然后从怀中取出一粒丹药，用水化开后叫孩子服下。大约过了半个时辰，孩子不喘了，起来要吃饭。将军与夫人惊奇不已，十分高兴，说真遇到神喇嘛了，忙请佛爷喇嘛到前厅就座，上茶备席，款待四克基喇嘛。吃饭间，四克基佛爷喇嘛将扎萨克喇嘛阿穆尔钦格勒图的所作所为告知吉林将军，将军这才了解真相，忙向佛爷喇嘛赔礼。饭后，将佛爷喇嘛留在府内半月有余，每天好生招待，直到孩子的病全好了，才派府内梅林管带携带着礼物送佛爷喇嘛回庙。三爷喇嘛得知此事后气得半死，也无可奈何，再也无颜去见吉林将军了。后来，三爷喇嘛为出这口恶气，将去京城告他状的喇嘛斑沁道尔吉师徒捆石沉江溺死，以泄其愤恨。四克基佛爷喇嘛知道此事后，将三爷喇嘛谴责一番，气得三爷喇嘛一病不起，几年后便一病呜呼了。

　　四克基喇嘛虽然对札萨克三爷喇嘛如此强硬，但对平民百姓却一向怜惜。他经常用一个痰桶装着银圆救济老百姓，老百姓叫他痰桶喇嘛。有人说他给老百姓发银圆时，痰桶中只见往外拿，不见桶内减少，认为他有神通、有法术。四克基佛爷喇嘛经常给人看病，给穷苦的牧民看病不收钱，但那些王公大户看病他都收钱。这些蒙古王公、富户看病每次都给不少钱酬谢，四克基喇嘛都收着，平时装在痰桶里，让随身小喇嘛提着，遇到百姓有灾有难，他就叫小喇嘛将痰桶一放，百姓们可以排队领取。但是他规定，每次每人只能拿一块，不准多拿和重复拿，一旦让他发现，就一块也不给了。佛爷喇嘛拿钱不当回事，有时叫小喇嘛将所得的纸币一把火焚烧了，不让人们捡。时间一长，人们都知道了四克基佛爷喇嘛的脾气，有难处只管来向佛爷求助，都能满足所需，只要是穷人、是孝子，他都会帮助。

四克基佛爷喇嘛在四克基村的佛堂有半月形的院子，平日里人们求他看病或给他烧香磕头，都是先到此院，有小喇嘛通报。他经常对身边的喇嘛说，别看不起穷人，这些穷人才是需要我们佛门帮助救度的。穷人来看病，佛爷喇嘛还好吃好喝招待着，一直到病全好了才送行，临走时还让喇嘛给拿点吃的用的。四克基喇嘛一生最恨不孝之人，如果有不孝子弟来给他磕头拜佛，求他摩顶消灾，他绝没有好脸色，就是不见。据说有一年秋天，从农安县来了一对年轻夫妇，要求佛爷给摩顶去灾。在他们和小喇嘛言谈之中流露出对自己父母的不孝，佛爷喇嘛知道后就是不见，足足让他俩在院子里跪了一天，急得夫妇二人都哭了。最后佛爷喇嘛传出话来，让他们回去，只要他们以后孝敬父母，佛爷就会保佑他们平安。两个年轻人既感到吃惊，又感到羞愧，没有办法，只好重重地在院子里给佛爷磕三个头回家去了。听说回家后真的改了，对父母也好了，从此家中过得太平。

光绪三十二年（1906），郭尔罗斯前旗塔虎努图克三家子村蒙民陶克陶胡，因为不满旗札萨克齐默特色木丕勒出卖蒙旗土地而起义造反，得到旗内蒙民的大力支持。旗扎萨克所卖蒙地是旗北部塔虎和二龙索口一带农牧民赖以生存的最后一块土地，蒙荒局和扎萨克府相互勾结，为了蒙古王公和官府的私利，不顾蒙古民众的生活。陶克陶胡曾去札萨克府请愿，非但未受接见，还以闹事为由遭到杖刑。他忍无可忍，率领自家子弟和亲朋义友兄弟20余人，揭竿而起，直接捣毁了二龙索口的垦务局，并杀死在毛都吐测绘土地的日本人和清兵，夺走20几条枪后走上了起义之路。四克基佛爷喇嘛知道此事后，将自己喇嘛兵的排长乃旦扎布送到陶克陶胡的队伍上当了军师，还送给陶克陶胡一件丝绵坎肩。据说，正是这件丝绵坎肩在一次激烈的战斗中，保住了陶克陶胡的性命。这次战斗牺牲义军好几个人，包括陶克陶胡的三儿子努图克图。起义军最后突围撤出战斗后，陶克陶胡解开腰带，竟从坎肩里抖出数枚子弹头。人们说，这都是四克基佛爷喇嘛的保佑。

四克基佛爷喇嘛于1938年圆寂。圆寂后用坐棺安葬在妙因寺后敖包山旁。据传三年后，有人去辽宁西部一个庙里上香，听庙里和尚说，四克基佛爷喇嘛前几天还在庙里住过，如今去山西五台山了。至今，在前郭尔罗斯妙因寺附近居住的老年人，都还记得四克基喇嘛的这些往事。

四　寺庙文化

1　妙因寺开光法会

妙因寺开光法会在 2002 年 7 月 21 日举行，这是妙因寺恢复重建竣工后第一场法会，在一派佛乐声中，为新建妙因寺开光。

清晨，东方天空一片彩霞，当金色的阳光穿透层层彩云，查干湖面上的晨雾慢慢散去，妙因寺整座庙宇像幻影般从霭霭的晨光中显现出来。已经一宿未眠的喇嘛们和居士们的精神又振作起来，信教群众陆续从四面八方涌向妙因寺，妙因寺沉浸在一派佛乐声和香烟缭绕的弥漫中。

五时三十分，寺内全体喇嘛身披紫红色袈裟，与前来祝贺的来宾僧侣已经端坐在大雄宝殿的念经床上，鸣钟击鼓，螺号声声，为法会诵念晨经开始了。七时整，从钟楼和鼓楼传来悠悠钟声和阵阵鼓声，喇嘛们退出大殿，用哈达封闭了殿门。在

大雄宝殿前的广场上，坐满了佛教信众，每个人都默默地诵念着经文和"六字大明咒"，虔诚地等待着吉祥时刻的到来。佛殿两侧远处草坪的上空，飘荡着五彩气球，气球下面缀着用蒙文、藏文、汉文书写的大幅标语："开光大吉，佛日增辉，净化人心，利乐有情"，"佛光普照，普度众生，国泰民安，世界和平"。

妙因寺开光大典

　　八时五十分，吉林省佛教协会秘书长张海忠居士宣布妙因寺开光法会开始。顿时，一缕阳光穿透云层，直射妙因寺，大雄宝殿的金顶上释放出万道金光，光辉耀眼。寺庙上空的云层慢慢地向四方散去，霞光笼罩着整座寺庙。刹那间，鞭炮钟鼓齐鸣，法号呜呜作响，成群放生的鸽子和数千个彩色气球腾空而起，渐渐飞向远方，寺庙上空回响着佛乐。在大雄宝殿3米多高白色的台基上，站满了来自全国各地前来祝贺的不同寺庙的高僧大德和省内、市内宗教界人士。他们有来自藏传佛教格鲁派六大丛林之一的青海省塔尔寺活佛扎西四世和他的弟子们，有北京雍和宫经师拉西仁钦大喇嘛和他的弟子们，有山西五台山罗睺寺的满达法师，有内蒙古通辽市吉祥密乘大乐林寺的哈日忽法师，有乌兰浩特葛根庙的色乐扎布法师，有辽宁省沈阳黄寺的巨山法师和瑞应寺的郭福君法师，以及松原市龙华寺的方丈明澈大和尚、瀚海寺的光明和尚等。这些高僧们满面春风，合掌而立。吉林省宗教事务局局长、松原市民族宗教局局长、前郭尔罗斯蒙古族自治县民族宗教局局长等宗教领导干部也应邀出席了开光大典。

妙因寺住持格桑隆多首先致欢迎辞。格桑隆多出生在内蒙古，自幼在五台山出家修行，由青海塔尔寺高僧受戒，后到甘肃拉卜楞寺深造数年，并在拉卜楞寺由曾经给十一世班禅灌顶的嘉牟措格西大喇嘛灌顶。他熟读经文，深通佛礼、佛典，佛缘深重。

格桑格多在开光法会上致辞

格桑隆多住持致欢迎辞后，由塔尔寺活佛扎西四世向妙因寺开光法会致贺词。扎西四世活佛多丹曲嘉措，藏族，1936

年出生于青海塔尔寺附近的班萨尔。1944 年，被确认为扎西三世的转世灵童，并被迎请到塔尔寺扎西活佛院，同年坐床。13 岁时，在甘肃拉卜楞寺由拉阔活佛受沙弥戒。19 岁时，由乌兰活佛受比丘戒。1954 年，达赖喇嘛和班禅大师同时光临塔尔寺，扎西活佛得到两位大师施以观世音菩萨灌顶。23 岁时，活佛开始拜师学习四部医典及藏医藏药。由于活佛刻苦发心、钻研医术、勤于实践，活佛的医术通达无碍。1962 年，扎西活佛到北京中国佛学院学习，深入研究佛学经、律、论三藏。从此，活佛的佛学、医学更加精熟。1980 年，扎西活佛重返塔尔寺，重新创建塔尔寺藏医院，同时培养了一大批精通医术的藏医喇嘛。多年来，他坚持"诸恶莫做、众善奉行"，先后到内蒙古、青海、甘肃、新疆，乃至北京、天津等地为各族群众医病。他通晓藏、蒙、汉语，治病不分民族、贵贱，一心解除众生疾苦，其精湛的医术和高尚的医德受到各地政府和人们的赞誉。这次，他不顾年事已高，专程从青海赶来郭尔罗斯为妙因寺开光、为信佛群众摩顶，深受郭尔罗斯广大信众的欢迎，与妙因寺结下殊胜因缘。

扎西活佛祝完贺词，与雍和宫拉西仁钦大喇嘛、吉林省佛协秘书长张海忠居士一起为妙因寺开光法会剪彩。雍和宫的拉西仁钦大师，蒙古族，1925 年出生于内蒙古赤峰。7 岁时，在昭乌达盟的宁城县法轮寺出家；12 岁时，受沙弥戒；解放初期，离开寺院，在家乡山区随一老喇嘛学习经文。1954 年，只身到青海塔尔寺修法学经。28 岁时，在塔尔寺受比丘戒。在塔尔寺期间，多次由高僧和活佛传法、灌顶，佛学造诣渐深。1955 年，得到达赖喇嘛和班禅大师的观世音菩萨灌顶。由于历史的原因，拉西仁钦于1958年离开塔尔寺，回到家乡赤峰务农。在此20年间，大师佛缘深厚，不还俗，潜心向佛，刻苦发心，钻研佛学经典，直到1980年被慕名选中请到北京雍和宫。1988年，在北京西黄寺又一次得到了班禅大师的大威德金刚灌顶。1993年，在甘肃拉卜楞寺得到贡塘仓活佛的时轮金刚灌顶。由此，拉西仁钦大喇嘛显密兼通，法术越发精湛，经文越发纯熟，为藏传佛教的传承和发展做出了贡献。拉西仁钦大喇嘛与妙因寺缘分深重，早在妙因寺重建之初的选址、奠基、推荐格桑隆多做住持等重大活动中，大喇嘛都亲临郭尔罗斯，不顾年事已高，亲自诵经、施法、祈愿，讲授藏传佛教佛法及仪轨，为妙因寺及郭尔罗斯一方信众广施宏愿。如今，又带领众弟子为妙因寺开光剪彩、为信众摩顶，深受广大信众的欢迎。

扎西活佛与拉西仁钦喇嘛为妙因寺开光剪彩

　　九时，众高僧开始诵开光经、撒五谷、点甘露圣水，然后解开哈达开启大殿殿门，为妙因寺及众佛开光。在祥和的诵经声中，来自青海、广东、山西、内蒙古、辽宁、吉林、黑龙江等地专程来参加妙因寺开光法会的各地居士们，松原、前郭众多佛教信徒们，有秩序地进入大雄宝殿，顶礼膜拜，瞻仰佛容，聆听佛乐，诵念佛经，一起参加佛事庆典活动。

　　下午，妙因寺具有传统历史的"跳查玛"活动开始。跳查玛，当地俗称"跳鬼"、"跳神"，具有浓郁的藏传佛教色彩，是藏传佛教寺庙宗教活动的一部分内容，具体内容是反映佛教在产生、发展的历史过程中，与各种妖魔鬼怪做斗争的过程，以崇尚佛法、颂扬佛教为目的。跳的查玛有几十种，主要分为供奉类、颂赞类、降伏类、传记类、故事类等。妙因寺所跳查玛属于降伏类。在大雄宝殿前的广场上，20 多名身穿各种奇异服饰、头戴各种鸟兽、金刚面具的喇嘛们，在阵阵节奏强烈的鼓声和悠扬的法号声中，翩翩起舞。他们是各种护法神的变形，手持各种法器，作各种降妖伏魔状，意在驱邪祛灾，使一切恶魔远离善良的人们，使妙因寺一方百姓平安吉祥，使郭尔罗斯草原平安吉祥。由于原妙因寺被破坏已达几十年，跳查玛这一活动早已销声匿迹。此次开光法会前，亏得文化部门在 80 年代记录的寺庙舞蹈采风，保留了前郭尔罗斯寺庙查玛的全部资料，妙因寺选出 20 名青年喇嘛，集中学习、训练，排练出这场查玛会。参照历史资料制作出查玛面具、服装、道具，使这场查玛会更具原汁原味，更具藏传佛教色彩。

　　农历六月十三、十四两日，是妙因寺开光千灯法会和吉祥颂法会。千灯法会是纪念藏传佛教格鲁派的创立者宗喀巴大师的诞辰和圆寂忌辰纪念法会，在住持格桑隆多的率领下，众喇嘛在大雄宝殿和宗喀巴殿佛基台案上，点燃起1000盏酥油灯，诵念起赞颂宗喀巴大师、祈祷宗喀巴大师的经文。千灯燃起，大殿通明，象征着佛的光明，有佛光普照之意。吉祥颂法会是祈祷佛教昌盛、国泰民安、众生脱离苦海的平安法会。妙因寺恢复重建，满足了信教群众特别是蒙古族群众信仰佛教的需求，社会和谐、各民族团结，自然佛教昌盛、国泰民安了。大殿内，一尊尊金身佛像，一缕缕香烟，一阵阵钟声、鼓声、法铃声，伴随着吉祥安和的诵经声，使整座大殿沉浸在一派佛国的仙境中。居士们、信徒们排着长队，依次进入大殿，在众喇嘛诵经床周围点燃起手中香火，缓缓地向前走动，虔诚的脸上流露出幸福、满足和好奇感，默默地祈祷着吉祥安康、家庭幸福，祈祷着风调雨顺、五谷丰登，祈祷着国运兴旺、世间和平。同时，塔尔寺扎西活佛、雍和宫拉西仁钦大师坐在法台上，开始为前来参加开光的居士和信众们摩顶，祝愿人们的好运，祝福人们的吉祥，一切如愿。

妙因寺开光法会持续三天，前来瞻仰佛容、观光寺庙的游客和信众约6万人。殿前殿后人山人海，人们扶老携幼，相互簇拥着。在前郭尔罗斯大地上，自1946年土地改革运动中妙因寺被毁后，已经有近半个世纪没有这种大型佛事活动了。蒙古族群众信仰佛教者甚多，他们信仰佛教的愿望只能到数百公里以外的内蒙古、辽宁等地的寺庙去实现，而今天，在郭尔罗

格桑隆多为信徒摩顶

斯查干湖畔，就能实现他们的愿望。他们相信，佛就在身边，不光是心到佛知。

妙因寺开光法会的三天，正值农历六月三伏天，草原上空时而万里晴空，时而乌云密布，时而雷声滚滚。在妙因寺周围一公里以外已经是阵雨不停，雷声和闪电不时传来，而在妙因寺的上空却一直是阳光灿烂，云隙间不时有彩虹出现，更增添了开光法会的神秘色彩。查干湖面飘来阵阵凉风，带给了人们凉爽和惬意。人们都说，这是佛祖在显灵、释迦牟尼佛在保佑。

自妙因寺开光以来，不论蒙古族还是汉族，以及其他民族的信佛群众，人们每日络绎不绝地来到寺里拜佛、上香、祈祷、许愿，省内外游客们不分远近、蜂拥而至。妙因寺前的广场上整日车水马龙、摊贩云集，形成繁盛的商业旅游一条街。妙因寺内的香火越来越旺盛，人们旅游、观光、朝圣、祭拜、寻访、追梦，寺内外呈现出一派祥瑞安康、经济繁荣的新景象，草原上的查干湖又一次欢腾起来。

虔诚的信众

2006年6月19日，妙因寺又迎来万佛殿开光法会，这也是恢复重建以来的又一次盛大节日。

万佛殿位于妙因寺的最后院落，是全寺最高、最大的佛殿，内供千手千眼观音菩萨佛像。菩萨全身高18.99米，宽约14米，头戴五佛冠，颈带佛珠，满身流苏璎珞，显现慈祥雍容华贵。菩萨头顶无量寿光佛，两前手合十，左、右各有20只手，手中各执宝刀、宝剑、宝钵、宝镜、宝瓶、宝壶、宝伞、宝雕弓、穿云箭、番天印、佛珠、金刚轮、乾坤带等法器。每只手的手掌心都有一只眼睛，代表着佛教25种因果有情。这25种因果有情乘以40只手，便成了千手千眼了。这其中的含意就是：观世音菩萨手多、眼多，千手表示护持众生，千眼表示观照世界，都是大悲的表现。所以，千手千眼观音菩萨又被称为"大悲观音菩萨"。此观音菩萨经木雕艺人历时一年完成，共用木材120立方米。大佛体内由4根木方柱上下连接支撑，埋入地下3米，上部连接大佛的肩部和头部，外由雕刻好的衣纹板包裹卡接，和墩接而成42支手臂，形成浑然一体、雄伟壮观的千手千眼观音大佛。大佛的表面彩绘贴金，施以重漆，金光闪闪，色彩浑厚凝重，珠光宝气，肃穆雍容。

大佛脚踏莲台，身躯穿过大殿的第二、第三层，直达殿顶，人们只能仰身敬望，才能一观尊容。在大佛四周的墙壁上，镶嵌着雕刻精致的一万座佛龛，每个佛龛内都有一尊由四方居士供养的金身四臂观音佛像，故此殿被称为万佛殿，也称为大佛殿。目前，此佛像是东北地区包括东部蒙古寺庙的室内第一高佛。

万佛殿开光之日，吉林省及省外佛教界的大德高僧们齐聚妙因寺，有北京雍和宫、青海塔尔寺、甘肃拉卜楞寺、五台山罗睺寺、五台山菩萨顶、五台山广华寺、内蒙古通辽大乐林寺、乌兰浩特王爷庙、科右前旗葛根庙、沈阳黄寺、辽宁阜新瑞应寺、阜新海州寺、黑龙江佛光寺、长春般若寺、长春北普陀寺、农安金刚寺、白城华严寺、通榆向海寺、松原龙华寺、莲花寺、海会寺、延吉念经堂等大德高僧、和尚、喇嘛200余人参加。省、市、县佛协和宗教局的领导、信众们也专程赶来妙因寺，参加万佛殿开光庆典。

当日，细雨蒙蒙，人们打着雨伞、穿着雨衣，有佛教居士、各方游客近四万余人参加妙因寺万佛殿开光，在一派佛乐声和诵经声中，点燃高大的香火，有的匍匐于佛前，默默地祈祷着；有的瞻仰着大佛，静静地祝愿着。各色雨伞仿佛朵朵莲花，开遍妙因寺内，妙因寺又一次沉浸在一片欢乐之中。

2　晒佛节

晒佛节又称晒佛大法会。妙因寺晒佛节于每年的六月十五日举行。届时，全寺庙众喇嘛和各方居士、信众都来参加，最多达万人以上。

妙因寺所请大佛，是由青海塔尔寺艺僧们制作的堆绣"唐卡"，高12米，宽8米，展开悬挂起来，与大雄宝殿同高。晒佛节至，清晨，众喇嘛将大佛悬挂在大雄宝殿前用脚手架搭成的高架上，四面固定好，面朝殿前广场，远在查干湖面上就可以看到大佛的真容。此大佛图的中心位置绣制释迦牟尼佛成道图，莲花台下是五大护法，即曲迦法王、吉祥天母、大威德金刚、六臂玛哈嘎拉和财宝护法（黄财神）。在释迦牟尼佛的两侧，绣有观音菩萨、文殊菩萨、弥勒菩萨、金刚手菩萨以及宗喀巴、莲花生等，四周则用红、黄、蓝三色图案衬饰边围。在阳光的照射下，大佛图五彩斑斓、色彩鲜艳。莲花宝座中跏跌而坐的释迦牟尼佛双眼低垂呈凝视状，左手弯曲放于盘腿而卧的左膝之上，手中持一宝瓶；右臂向前向下垂伸，手掌向内，呈成道相。佛像造型生动，线条精美，肃穆之中有亲切之感。在释迦牟尼佛的背光里是一圈火焰，正中间上方是一面摩尼如意镜，象征着无限光明。

晒佛节

塔尔寺堆绣属于丝绫堆绣，内容大都以佛教故事为题材，以表现人物为主，着重于人物的造型和神态，讲究各种各色丝绢绸缎的搭配，制作工艺精细而复杂。堆绣有平面堆绣和立体堆绣之分，妙因寺大佛图属于平面堆绣。在12米乘8米的底衬布料上，先绘制好大佛图的底图，根据图中人物和背景中花卉、山川等不同画面的需要，将各种各色绢、绸、缎按照底图剪好成块，然后将这些绢、绸、缎块平贴拼合在底衬布料上，最后根据图中画面的需要稍微修饰渲染，产生立体效果。这种绣法的效果特点是画面均匀平展，色块突出，装饰性强。其中，绢的使用，由于其质地薄而坚韧，经过渲染后适宜做画面的背景部分；绸的使用，因为丝织品薄软光滑，多用来做花卉和人物的服饰；而质地既软又厚的缎面，由于其表面有光泽，用来做花卉和服饰就更显得光艳逼真。为了区别不同的质地和多种多样的色彩，棉布、麻布也用来做底衬背景或人物服饰、佩饰等，显得朴素大方，层次变化多样。各种花卉的叶脉、花蕊中的花丝及佛像脸部的五官等细部，则用各种颜色的丝绵绣线完成。在大佛图中，除中央释迦牟尼佛外，还有人物11人，众金刚体形夸张，面目可怖，呈忿怒状；众菩萨面目清秀，表情端庄，慈祥可亲。这些人物集中体现了藏传佛教中唐卡佛画的艺术凝结和艺术魅力。

法会开始，在大佛画的前方台基上，摆放好桌案和供品供果，点燃起高香，寺内僧人由住持率领在前，众居士信徒在后，献上哈达供养"曼扎"（也是一种供奉供养），一起颂念"吉祥经"（一种供养经文）。妙因寺每年举行一次晒大佛法事活动，特别隆重，其时瑞象环生、如意吉祥。

晒大佛是藏传佛教一种传统的习俗活动。在西藏地区，各大寺院在山上将堆绣大佛由数百喇嘛抬着，顺山坡展现在山前，数万僧众一起瞻仰，启动众生本具佛性摄受加持，悲悯更多众生。妙因寺晒佛节也是查干湖畔的一个习俗节日，来自四面八方的游客和善男信女们，在这天都齐聚在妙因寺，共同瞻仰大佛尊容。在妙因寺前，车水马龙，小摊贩主云集，游人穿梭，热闹异常。

虔诚的祷告

3　妙因寺祭敖包

祭敖包是蒙古族地区藏传佛教寺庙的宗教活动之一。

敖包，又称鄂博，原是堆子之意。古代，在茫茫的草原上垒石为堆，起路标或界标作用。据《蒙古秘史》记载，当年成吉思汗起兵之初，曾被蔑儿乞惕人追捕，藏于不而罕山中，三百蔑儿乞惕人绕山三匝而未能获。成吉思汗脱险后，推其胸曰：不而罕山救我，我当每年祭之，每月祷之，让我的子孙都知道这事。说完后挂其带于颈，悬其冠于腕，以手推膺，对日九拜，洒奠而祷。这可能就是蒙古族人祭敖包之始吧。敖包原本是萨满教的崇拜物。在萨满教时期，敖包全部是代表神灵的，有的代表山神，有的代表水神，有的代表地方神，也有的代表家神。

敖包作为当地的守护神和神祠，在蒙古族中享有特殊的崇拜。藏传佛教传入蒙古地区以后，萨满教中的祭敖包活动被保留下来，并被赋予了佛教的色彩。在堆放敖包的石头上，好多都刻有佛像和经文，信徒每次前来祭拜敖包时，都带着一块刻有佛像或经文的石块，添放在敖包上。经文中大多以大明咒六字真言为多，刻好后充填颜色，更增加了敖包的神秘感。建敖包之初，须请喇嘛们诵经，并在敖包下设一地室，将开过光的宝瓶（宝瓶内装有珠宝、金银和五谷、经文后封闭）藏在地室内，有的还放置弓箭。敖包由一个或几个石堆组成，最多有十三个石堆，被称作"十三太保"敖包。据喇嘛们说，在十三个石堆中，最高的一个象征着佛教大千世界的中心须弥山，其余四个中型和八个小型石堆，代表着围绕须弥山的十二个有人烟居住的陆地。还有的寺庙将敖包之神灵（沙布达克）的画像用唐卡的形式画出，平时保存在寺庙中，待祭敖包时，将其请出来，悬挂于敖包之上一并祭祀。

在妙因寺中建有两座敖包，寺院内建有"伯颜敖包"，象征着富饶，有妙因寺富饶、前郭尔罗斯富饶之意；在妙因寺后的路旁，建有"额尔德尼"敖包，意为宝贝，镇抚妖魔鬼怪各路魔障，保妙因寺平安。两座敖包一起象征着妙因寺"吉祥安康""富贵如意"。

妙因寺祭敖包，一般都在寺庙举行各种法会的同时举行。祭祀前，要对敖包进行净化装饰，清除敖包周围杂草杂物，在敖包顶上插满茂盛的松柏树枝，在中间顶杆上安放"嘎如迪"（即凤凰），在敖包的四角竖立"苏鲁锭"，在苏鲁锭上悬挂经幡或"风马旗"，在敖包的四周或经幡上系上五彩哈达。在敖包的前方摆放好供案，上置香炉、果品、乳酪、酒水等祭品，并点燃香火。祭祀开始，先由主祭寺庙住持喇嘛诵念经文，然后由住持率领寺内众喇嘛一起诵念经文。诵完经文后，在主祭住持喇嘛的率领下，众喇嘛们按顺时针方向围绕敖包转三圈至九圈状，边转边诵经，同时将祭品如乳制品、果品、五谷、酒水等撒向敖包，或将手中哈达献给敖包。佛教信众善男信女们排成长队，随众喇嘛之后也绕敖包而行，一起祭祀，口念六字真言，祈求太平，求福禳灾。有的信众将手中哈达系到敖包顶上的松柏枝上，但忌讳女信众登上敖包。

祭敖包

祭祀敖包后，众喇嘛和众信徒可将用于祭祀的供品分给每一位参加祭祀者食用，一起分享福祉。庙会活动期间，常用大锅煮肉粥散于众人，包括观赏者也可食用。

在伯颜敖包旁，安放有两块"天长地久石"。此二石是古松柏树的化石，高约 1.9 米，直径约 80 厘米，据传已有 1.3 亿年历史。此石在恢复重建妙因寺取土时被发现，出土时相依相偎，寓示着"心昭日月，天长地久"，众居士、信徒遂为其取此名。在地球的演变过程中，曾发生过无数次大型地壳运动，特别是在侏罗纪—白垩纪时期，强烈的褶皱和岩浆活动，使得大片的森林被埋在积水和沼泽中而不能氧化分解，极少数树木硬体中原来成分与水溶液中的矿物发生化学反应，被溶液中的二氧化硅所取代，经过漫长的石化作用形成古树化石，也叫硅化木。

与此化石同时出土的还有锰犸象牙一颗，长约 1.75 米，最大直径 18 厘米；现安放在大雄宝殿内三世佛前，用以供养释迦牟尼佛、燃灯佛、弥勒佛。猛犸象生活在更新世晚期，距今一万多年前。在查干湖畔，经常出土猛犸象、披毛犀、野牛、马鹿等古动物化石，这些动物群与旧石器时代的"青山石人"都是这里的最早居民。

4 妙因寺主要佛事活动

玛尼大法会

玛尼大法会也叫玛尼丸法会，每年的农历四月初八至十五日，妙因寺都要举办七天玛尼大法会。玛尼丸法会是观音法门的修持过程。玛尼丸以蒙藏药为原料，制成后经密封供于佛前。在玛尼法会上，从装玛尼药的药瓶中引出两条五彩线，通过金刚杵连接四臂观音的手和颂念佛经的每个喇嘛的手，通过法会的仪式，在连续七天七夜不间断的念诵经咒中加持而制成的药丸，也叫甘露丸。然后，将五彩线制成很多吉祥线。玛尼丸可医治多种疾病，有病则治病，无病则防病。五彩线和玛尼丸还能起到清除灾苦、驱逐邪魔、免除病患的作用。五彩线和玛尼丸给孩童和出门在外之人佩带，尤能保护平安、祝福吉祥。

加持玛尼丸的整个过程，也是观音法门修行的过程，加持过程是以不停地诵念大明咒"嗡""嘛""呢""叭""咪""吽"六字真言，无形中净化僧众和信徒的贪、嗔、痴、慢、疑、邪见六种烦恼。这种加持不但能驱除六道轮回之中本具有的痛苦，而且能防止再生六道轮回之中。可见玛尼丸不但是救度世间疾病痛苦的良药，而且还是救度众生无明烦恼之心病的法药。

在玛尼大法会上，妙因寺还要迎请高僧与本寺僧人一起加持玛尼丸。迎请高僧时有隆重的迎接仪式。入殿前，妙因寺出动佛乐队，由十几名喇嘛组成，吹奏起管、笛、笙、箫及鼓、钹、镜等打击乐，在"万年花"等佛乐梵音中，高僧在大罗伞盖下由住持陪同，在众僧簇拥下步入大雄宝殿。大雄宝殿内，高僧坐法台上，台下僧众居士云集，整座大经堂座无虚席。诵经开始，传出一片钟鼓声、诵经声，连续七天七夜加持不断。

玛尼法会结束之际，妙因寺将玛尼丸和五彩线按一定等量散发给信众，广结法缘。为了求得玛尼丸和五彩线，很多佛教信众们聚集在妙因寺内，一连数天不肯离去。玛尼丸大法会是妙因寺一年中最为繁盛的法会之一。

千灯法会

妙因寺的千灯法会在每年的十月二十五日举行。千灯法会又称燃灯节，是藏传佛教格鲁派创始者宗喀巴大师诞辰和圆寂的忌辰纪念法会。

宗喀巴本名罗桑扎巴，元顺帝至正十七年（1357）出生于青海省塔尔寺地方（当时塔尔寺还没建）。当时此地被称作"宗喀"，所以他被人们尊称为宗喀巴。宗喀巴大师3岁时即被噶玛噶举派的四世活佛乳必多吉授近事戒。7岁时，出家在甲琼寺，跟随高僧却吉·敦珠仁钦学经十年，学习很多显密教法，在佛学方面打下了坚实的基础。16岁时，去西藏深造，广拜高僧名师，学习了显教经论，兼修密法，在佛教界渐有声誉。42岁时，智增慧广，对显密教经论造诣益深，逐渐形成了自己的体系，进而展开了对社会有影响的宗教活动。43岁时，开始著书立说，在总结藏传佛教诸派思想的基础上，独创了一套自己的佛教思想体系，为宗教改革建立了理念基础。明建文四年（1402），他完成了《菩提道次第广论》，明永乐四年（1406）写出《密宗道次第广论》，以后陆续写出《菩萨戒品释》《密宗十四根本戒释》《中论广释》《辩了不了义论》等佛教著作。同时，他大力弘扬戒律，提倡僧众不分显宗、密宗必须严守戒律，过僧人正常的生活。53岁时，宗喀巴在拉萨大昭寺集结万余僧众举办规模巨大的祈愿法会，会后在拉萨旺古尔山旁创建了甘丹寺。至此，一个以宗喀巴为新教派的格鲁派逐渐形成。宗喀巴为藏传佛教的改革做出了重要贡献，所以在藏传佛教格鲁派寺院中，都以显著的位置或独立建殿供奉宗喀巴大师，并在他的忌辰纪念日举办大型法会纪念他。

届时，妙因寺的大雄宝殿及宗喀巴殿内，点燃起千盏佛灯，众喇嘛一起诵念赞颂宗喀巴大师、祈祷宗喀巴大师的经文，千盏佛灯一起点燃，象征着佛的光明，有佛光普照之意。

灌顶法会

灌顶法会在妙因寺不定期举行。灌顶是修学密宗密法必需的第一道程序，密宗把各级灌顶视为依次第开发弟子本来具足的佛性（如来藏）的一种仪式。灌顶一词的梵、藏文含义是授权、传道、培育，灌顶就是传密戒、传授密法的义理和全部修炼程序，对密宗弟子的身、言、意进行与本尊三密相应的特殊加持。灌顶的内容分入坛、宣戒、传法加持三个部分。在灌顶法会上，由金刚大师引导弟子进入坛城皈依金刚上师，皈依佛、法、僧三宝，然后讲解教法与戒律，对密宗弟子进行与本尊三密相应的特殊加持。没经过灌顶是不能修习密法的。

灌顶有授权灌顶和随许灌顶两种类型。坛城中主本尊有授权灌顶，授权灌顶又分下密灌顶和上密灌顶。一般来说，本尊和护法类只有随许灌顶，随许灌顶也叫三密灌顶，灌顶经序比较简单，最普通的灌顶如长寿佛灌顶。时轮金刚灌顶规模最大，"十完人"才能受时轮金刚灌顶。

灌顶的方法有一次性灌顶和阶段性灌顶。一次性灌顶是对一般弟子的加持性灌顶；阶段性灌顶是对学修密宗弟子结合修炼，按修炼进度分段传授灌顶。凡是想在密法获得殊胜成就的弟子，必须要受到阶段性灌顶，一个修习密宗的僧人可以接受无数次灌顶。

在灌顶法会上，修密宗的僧人和居士都可以参加。在金刚上师给灌顶者灌顶时，也能享受到灌顶者的加持。

5 妙因寺壁画

妙因寺壁画以唐卡的形式绘于大雄宝殿的四面墙壁上和大殿殿门外的两侧。大殿外殿门两侧绘的是四大天王，大殿内四壁绘的是佛祖、菩萨、度母、护法、修持本尊等，共22幅。

佛教壁画是寺庙中佛教文化、佛教气氛的渲染和烘托，也是一种扩大宗教影响的宣传工具。大雄宝殿内，除主供三世佛像外，还有观音、文殊菩萨和十八罗汉。除这些佛像外，主要就是四周的壁画。壁画中佛祖、菩萨、度母等画得面目清秀，表情端庄，体态优美；护法神和修持本尊则面目可怖、形体夸张，多头多臂多足者居多，面呈忿怒相，手执法器，现降妖魔伏鬼怪状。在人物的周围，饰以祥云、火焰、山川、花卉、瑞兽等衬托。其色彩，则依照佛经中所认为的"世间所有事业，都包括在'息''增''怀''伏'四种范围以内"，具体使用四种颜色来表现。"息"，表现的是温和，用白色来代表；"增"，表现的是发展，用黄色来代表；"怀"表现的是权力，用红色来代表；"伏"，表现的是凶狠，用黑色和绿色为代表。所以在壁画中，整体使用颜色以白、黄、红、黑（或绿、蓝）为主，形成智慧慈祥与凶恶恐怖的强烈对比，具有极其浓厚的宗教气息。例如，多面护法神的面部，多用红、白、蓝、黄单色涂色；魔鬼和异教徒皆绘成黑红色，表现出阴森、恐怖的气氛。

在画法上，多用单线平涂、工笔重彩的方法。线条圆润流畅，刚柔顿挫，色彩鲜艳，画面明快。传统的矿物质颜料和金、银箔的巧妙运用，使色彩更加协调统一、对比强烈，画面富丽堂皇，集中体现出蒙、藏、汉民族民间绘画艺术的融合，体现出藏传佛教文化的精华。

妙因寺壁画（包括佛像雕塑和寺内彩绘），是由青海塔尔寺艺僧们所为。塔尔寺是藏传佛教格鲁派创立者宗喀巴大师的诞生地，是全国藏传佛教格鲁派六大丛林之一。几百年来，塔尔寺的佛教艺术已经形成了自己的独特风格，被世人誉为"艺术三绝"的酥油花、堆绣、唐卡（含壁画），早已经名扬海内外。这些艺僧们大多是自幼出家，拜寺内高僧学艺，凭着对佛祖的虔诚和对佛教艺术的炽热、喜爱，用他们纯洁的心灵和巧妙的双手，绘画出这些栩栩如生的佛像造型和生动的艺术画面。所以，妙因寺这些壁画，具有鲜明浓郁的青藏高原藏传佛教风格和特点，成为新建妙因寺的一宝。

从大雄宝殿殿门两侧起，依次如下。

四大天王

绘于大雄宝殿殿门前左、右各二幅。四大天王也称四大金刚，是佛国的重要护法神。据佛经讲，他们各守护一方世界，即须弥山四方的东胜神洲、南赡部洲、西牛贺洲和北俱罗洲。守护东方东胜神洲的持国天王，名叫多罗吒，白色脸面，穿一身甲胄，手持琵琶。"持国"的意思是以慈怀为怀，手持琵琶是要用音乐感化众生、皈依佛门。守护南赡部洲的南方增长天王，名叫毗琉璃，脸青色，穿一身甲胄，手提宝剑。"增长"的意思是令众生增长善根，持剑为的是保护佛法不受侵犯。守护西牛贺洲的西方广目天王叫毗琉博叉，脸红色，穿甲胄，一手托摩尼宝，一手臂上缠绕一蛇。"广目"的意思是用净天眼随时观察世界，护持众生。守护北俱罗洲的北方多闻天王叫毗沙门，脸黄色，穿一身甲胄，右手持宝幡，左手握银鼠。"多闻"是指他的福德之名闻于四方。他手持宝幡银鼠意在用宝幡制服众恶魔，银鼠为吐宝鼠，保护众生的财富。

吉祥天母

吉祥天母梵名叫玛哈嘎哩，藏名叫巴殿拉姆，是佛教中最殊胜的护法神。因为她骑着一头黄骡子，有人叫她骡子天女。吉祥天母原为湿婆神的女儿。一次，当释迦牟尼佛于菩萨迦耶正进入禅定开悟之时，所有邪魔均感到不悦，他们极尽魔力来扰乱佛陀，最终佛陀降伏群魔，也降伏了玛哈嘎哩。玛哈嘎哩从此便立下誓愿，护守佛陀之法教，之后她便成为女性护法中最殊胜的护法尊。

当九世纪西藏佛教处于灭绝危机之际，据说就是吉祥天母授意拉萨地方的侠士伯季多杰刺杀了无道君朗达玛王，中兴了佛法，而成为西藏的守护神，威力显赫。在西藏的大小寺院和布达拉宫里都有她的壁画、塑像和唐卡被供养。

吉祥天母为蓝色，一面二臂，有的四臂。侧身跨坐在黄骡子的背上，凌空飞行于峰峦血海上，口咬尸身，裸露前胸，右手上扬，持金刚杵权杖或剑，左手托盈血之颅器嘎巴拉，其四周风火交加。有画四臂者，另二手持三叉戟和普巴橛；头戴五骨冠，赤发上冲，弯月和孔雀翎为饰；颈上戴人头项链，五蛇为饰，穿天衣，着虎皮裙，腰系红短棒，棒上红线是记人寿命的。以绿蛇为辔头，上系黑白双色骰子，毒布囊，人皮为鞍，倒垂首级，现盛怒相。骰子是算命用的，布囊是装病毒的，用以替人消灾祛病。

曲迦法王

曲迦法王又称地狱主，也称阎魔护法，是文殊菩萨的化身，为宗喀巴的护法。其形象为一牛头赤发，二臂二足，三目圆睁，血口大张。头戴五骷髅冠，身为深蓝色。左手持索，以喻束缚魔障，右手持人骨棒，以喻降服魔神，曲立于大青牛的背上。青牛之下伏着一裸体人，藏密中称之为"挪细尔"，是一切魔障和邪恶的化身。青牛背上另站有一明妃，名为"撒门底"，译为怒者，手捧骷髅碗，向法王作奉献状。

按照藏传佛教的观念，护法神具有护卫佛法免受妖魔袭扰、维护佛教教义完善的职责。曲迦法王就是"出离六道轮回"、具有超大神力的高级神灵，被称为"出世间护法神"。

大威德金刚

大威德金刚为无上瑜伽续主要本尊，梵名为阎曼德迦，亦称布畏金刚，俗名牛明王。大威德金刚在藏传佛教密宗视为文殊菩萨化身的忿怒相，表示其有调伏怨敌的功德，藏传佛教各派均修其法，格鲁派（黄教）尤为重视。

大威德本尊显恐怖相，身黑蓝色，九面三十四臂十六足，足右屈左伸，卷舌、獠牙、赤发上冲，须眉似火，五髑髅为冠，五十颗人首为项饰，黑蛇络腋，骨轮骨饰等甚为庄严，其形裸露。

大威德金刚九面相，正面为黑色，水牛面，忿怒至极，有两个锐利的角。其他各面也具极忿怒相。九面上各有三目。

三十四臂，诸手都结期克印，前面抱着佛母的二手，右手执钺刀，左手捧盈血口骨。最上两只手执象皮披风之脚，余手执物。

十六足，右脚踩人及走兽，左脚踩鹫等飞禽。足下分别踏带释等诸天。

佛母名金刚起尸母，蓝色，一面二臂，右手执钺刀上扬，左手擎盈血颅器，骨饰庄严，与佛父双运于炽焰烈火中，卓然而住。

九面者，表示大乘九部契经，二角者表示二谛，三十四手及身、语、意者，表示三十七道品，十六足表示十六空性，抱明妃者表示大乐。足踏物右为八成就，左为八自在清净，裸体者意思是障不覆藏，发上竖表示般若涅槃果位。总的意思为三十七道品，彻悟十六空性，自与空乐无有差别，成就殊胜与共同两种悉地，障碍消尽，自得大涅槃。

由于本尊威德极大，能制伏毒龙，断除诸障，封治阎罗死魔与部多起尸等诸魔难，是无上瑜伽密父续即身成就的主尊。

本尊像背后饰以烈焰，周围饰以祥云和山川。

六臂玛哈嘎拉

六臂玛哈嘎拉又称六臂护法，也称大黑天神。六臂玛哈嘎拉原是印度教的魔神，观音入其神识，将其度成佛教护法，一般认为是观世音的化身。其常时刻随侍观世音菩萨，具有息、增、怀、伏四种事业法。

六臂玛哈嘎拉一面六臂，红圆三目怒睁，全身黑蓝色，遍身发出烈火光焰，狰狞无比。身披一张白象皮，象头朝下，四腿搭在两肩和双腿上。最上右手向上抓着象脚，左手拿三叉戟。中间两只手右手拿骷髅鼓，左手拿绳索，主臂两手拿骷髅碗和月刀。六臂玛哈嘎拉身上有象皮，脖子上有青蛇项链，脚脖子上和手腕上还缠着白蛇，象征着把龙王和药叉都降服，腰间围着虎皮裙，环绕着颗颗人头。

此尊两条腿右屈左展，踏在一头仰卧的白象身上。白象左手拿着髑髅碗，右手拿着大萝卜，据说这个象王也是个财神，非常凶暴，后来被六臂玛哈嘎拉降服。

据观音菩萨所发深宏誓愿，修持六臂护法能降服和救度末法时期中逐渐恶化之众生；能庇护众生、脱离中阴身之苦，能解除众生生活的艰苦和贫穷，圆满众生一切善愿。元朝帝师巴思巴活佛就曾用千金铸造一尊六臂玛哈嘎拉护法，送给元世祖忽必烈，从此，此神成为元朝宫廷供奉的主神。清初，察哈尔的莫尔根活佛也曾将此护法神送给清太宗皇太极，成为满族贵族们的供奉之神。

玛哈嘎拉六臂护法是佛法中最主要的智慧护法，宜秘密供养，其加持迅速、日夜不断。

财宝护法

财宝护法，也叫黄财神。黄财神菩萨已证五道十地，昔日释迦牟尼佛讲大般若经时，诸魔神等皆来作障碍，令山崩塌，黄财神现身庇护，闻法诸弟子才可安然无恙。其后，释迦牟尼佛嘱黄财神皈依佛法，于未来助益一切贫苦众生，为大护法。

黄财神形相肚大身小，双手有力，肤色金黄，右手持布拉噶如意宝，左手捉吐宝鼠。头戴宝冠，身着天衣，蓝色莲花及珠宝璎珞作装饰，胸前挂乌巴拉念珠，以如意坐。其左脚弯曲，右脚轻踩海螺宝，与白狮一起，安坐于莲花月轮子上。周围饰以花卉和山川。

佛经中讲，修习此法，可获黄财神庇佑，能财源茂盛，免除穷困。但修法者需发无上菩提心、广结善缘、勤行布施，万勿吝贪成性，否则护法会降罪的。

时轮金刚

壁画所绘的时轮金刚，与佛母交抱，以变运相立于莲花台上，背后饰以日、月、星轮。时轮金刚两足踩大自在天与天母，表示摧伏贪、瞋诸障。父佛具有四面，二十四臂。主面为蓝色，右面为红色，左面为白色，后面为黄色，每面上各有三目；二十四臂中上八臂为白色，中八臂为红色，下八臂为蓝色。右足为红色，左足为白色，头发顶髻以金刚杵为饰，上着天衣，下穿虎皮裙，佩珠宝璎珞，具足一切报身佛的庄严。手中持法器自上而下，右为钺斧、宝杖、矛、法轮、锤、法鼓、钩杖、箭、钺刀、三叉杖、宝剑、金刚杵。左边为四面梵天首、钩锤、镜、白螺、莲花、摩尼宝、索、弓、颅器、三士夫首法杖、盾牌、金刚铃。

佛母四面，中为黄色，左红右白，后为蓝色，每面各有三目。右四臂手持钺刀、钩杖、法鼓、数珠，左四臂持颅器、绳索、白莲、摩尼宝。

佛经云，修持此本尊法可令兵灾战争及一切灾劫平息，促

进和平安宁，风调雨顺、五谷丰收、国泰民安，往生本尊净土
香巴拉国。

密集金刚

密集金刚属无上瑜伽父续之主要本尊，与喜金刚、大幻化
金刚、胜乐金刚、大威德金刚等合称五部金刚大法，藏传佛教
格鲁派（黄教）尤为重视。

密集金刚（壁画）

壁画中金刚三头六臂三目。中面黑蓝色，右面白色，左面红色，表示法、报、化三身和三时一如。中央两手右手持金刚杵，左手持铃，交臂环抱佛母。其余四臂右上手持法轮，下手执莲花；左上手执宝剑，下手执摩尼宝。佛母手中持物与本尊相同。二尊头戴五佛宝冠，身着天衣，珠宝璎珞等一切报身佛的种种庄严皆具足，父母双尊交抱以金刚跏趺之双运相，坐于莲花月轮之上。背光后饰以花卉，有日、月、山川背饰。

密集金刚手中所持铃杵，表示不动佛之大圆镜智，法轮表示毗卢遮那佛之法界性智，莲花表示阿弥陀佛之妙观察智，宝剑青示不空成就佛之成所作智，摩尼宝表示坐落部之平等性智。故修此本尊法可转瞋、痴、慢、疑等五毒成五佛五智，不论世间、尘世间诸法皆可成就。

胜乐金刚

胜乐金刚也名上乐金刚，是藏密中无上瑜伽部的母续本尊，是新派密续非常重视的本尊之一。如按一般修持次第法门，则必先修习胜乐金刚之生起圆满二次第法，方可进修大手印法。

壁画中胜乐金刚绘蓝色身体，四面，每面三目，发束髻，顶上有一骨制法轮，上有摩尼宝庄严，所束发髻前有一交叉金刚杵，左边有一弯月为装饰，以虎皮为下裙。佛母身红色，三目，赤裸体，发下垂。二尊者以五骷髅为冠，骨饰、五十干湿人头璎珞为严饰。右脚直伸踩在红色大自在天妃心上，左脚微曲踩蓝色大自在天神的额头。本尊背光饰红色火焰，四周以山川、祥云饰之。

金刚手菩萨

金刚手是释迦牟尼佛说密法时所呈现的形象，也是释迦牟尼佛的秘密化身，所以又叫秘密主。属金刚部，因手持金刚杵而得名，与观音、文殊合称为"三族姓尊"，为大势至菩萨的忿怒化现。

壁画中金刚手为一面二臂三目，身蓝黑色，右手怒拳执金刚杵上举，左手怒拳执金刚钩强当胸，头戴五髑髅冠表示五佛，以杂宝及蛇为璎珞，下着虎皮裙，足右曲而左伸，威立于般若烈焰之中，凶忿的相貌可显现其护持佛法的威力。四周饰以山川、祥云图饰。

密宗认为，修金刚手之法，有无量无边不可思议之动能，能具足大威权，制服诸魔，消灭一切地、水、风、火、空所生诸灾难。一切所求，无不如愿成就，临终时直坐西方净土。

妙音佛母

妙音佛母又称妙音菩萨、妙音仙女，据说为南海精气幻化而成。为什么叫妙音呢？因为她在昔日无量劫中，曾经用十万使乐供养雷音王佛。

壁画中妙音佛母肌肤白皙，头上青丝一半挽起顶髻、插饰白花，一半下垂，微风吹动，犹如千条杨柳。耳饰莲瓣金环，耳侧下垂冕旒飘带，微微颤动。身着绫缎衣裙，腰系白莲丝带，项链、手镯、足镯装饰分外妖娆。天母左手操寻香天女千丝琵琶，轻轻安放在右胯尖上，右手弹动琵琶，悦耳动听，能打动天上人间每一个众生的心。她心顶有月亮光环，胸前心窝处有一株八瓣白莲，白莲中浮现出一个光芒四射的白色字，照亮宇宙。佛经中讲，妙音佛母是智慧的化身，修持好，可以开发智慧，增福慧根，以非凡的智慧掌握所学，成为超人悟者。

金刚萨埵

金刚萨埵为一切众生菩提心的本体，其性坚如金刚，故名金刚萨埵，也叫金刚菩萨，一切众生由其尊之加力而发心，与显教的普贤菩萨同体异名。金刚心菩萨法是密宗必修之法。

壁画中所绘金刚萨埵，身如水晶光明无垢，相如虹，一头二臂，具足天衣、珍宝、璎珞等报身佛之一切庄严。右手执五智金刚杵置于心间，左手持般若波罗蜜多金刚铃置于左胯。以金刚双跏趺坐于白色千瓣莲花之上。

金刚萨埵，主一切如来金刚法印，故右手举杵当胸，持金刚杵者，能摧十种烦恼。左手执铃者，表示以般罗蜜清净法音，警觉一切有情及二乘人。

佛教中讲，修此法止一切恶念，命不增长，能破一切烦恼，增长无量无边的福智。

长寿佛

长寿佛、白度母、尊胜佛母被称为"长寿三尊"。西方为息、增、怀、殊四事业空行母围绕，以勾召五大精华、寿命、福智等。

壁画中长寿佛一头二臂，身红色，盘发成髻，戴五佛宝冠。上穿天衣，下着绸裙，身佩珍宝璎珞，具足一切报身佛的种种庄严。双手结定印于膝上，手上置长佛宝瓶，两足以金刚双跏趺安坐于莲花月轮上。佛后饰长寿之桃和山川、祥云。

佛经中说，持颂长寿佛咒语，能增长寿命及福德智慧，避免非时而死及夭折或意外伤亡，清除一切罪业，证无死成就或往升西方极乐净土。

白度母

白度母也称圣救度母，为观世音菩萨悲心之显现。有人说，白度母是藏王松赞干布的妻子唐文成公主的化身。据传，白度母是阿弥陀佛左眼所化，因而在白度母的脸上、手上、脚心处共具七目，亦称七眼佛母。

壁画中的白度母一头二臂，身白色，头戴五佛冠。发黑色，三分之二挽髻于顶，三分之一成两绺披于双肩。右手置膝施接引印（持花），左手当胸，以三宝印捻乌巴拉花，茎沿腕臂至耳际。花分三朵，一含苞、一半开、一全开，三朵表示三宝。面部三眼，手心、脚掌各具一眼，共七目。额上目止观十方无量佛土，尽虚空界无有障碍，其余六目观六道众生，凡被其观者，尽得解脱。

白度母身着五色天衣绸裙，佩耳环、手钏、指环、臂圈、脚镯等。宝珠璎珞第一串绕头，第二串绕胸，第三串绕脐。全身花蔓庄严，细腰丰乳，双跏趺坐于莲花月轮上。佛经中说，修持白度母法，能增长寿命及福慧，断轮回之根，免除一切魔障瘟疾病苦，凡有所求无不如愿。

尊胜佛母

尊胜佛母为长寿三尊之一，藏语称"那姆迦勒玛"，是一尊女身化的菩萨。

壁画中，尊胜佛母三面八臂，主尊面与身为白色，每面额上各生一眼，颤梳高髻，戴花冠，余发下垂至肘，眼睛似优婆罗花瓣，妙如少女。佛母右一面为黄色，左一面为蓝色。主臂两手托金刚交杵，拿绳索，右侧第一手举托一阿弥陀佛，第二手持箭，第三手作予愿印；左侧第一手臂上扬，第二手持弓，第三手托净瓶，瓶中长有青莲，跌坐于莲花月轮之上。

威德佛母秋月色，三面八臂美妙身。

垂赐妙慧延母寿，敬礼尊胜佛母足。

以此善功德，速成尊胜母，众生无一余，愿置尊胜地！修持此法门能增长寿命，增长福慧，消罪业。

绿度母

绿度母也称圣救度母，救八难度母，是观音菩萨的化身。有人说是藏王松赞干布的尼泊尔妻子尺尊公主的化身，也有说是释迦牟尼佛不忍看到众生受苦难流下的眼泪化作的二十一度母之一。

壁画中度母身为绿色，头戴花蔓冠，发髻高挽，双耳垂金环，脸若银盆，慈眉和目，鼻端口润，丰乳细腰，体态婀娜。上身袒露，肩披掩腋衣，颈挂珠宝璎珞，帛带飘绕。左手当胸捻一曲茎蕃莲花；右手下垂，掌心向外作与愿印，也捻一曲茎蕃莲花，以象征克服八难，施众生以安乐。

般若月讲，吾此时意识中，无男无女，无人无我，无知无见，无男女名。凡所有相，皆由妄念执着心而生。其男身修菩提者甚多，而以女身修菩提者甚少。故吾今发愿自此为始，直至世界尽，虚空界尽，我以女身度化一切有情。

佛经讲，过去九劫时，极乐世界中有一比丘，名"无上光照"。十方诸佛为之灌顶，此比丘受灌顶后，即成大悲观音。

佛经又说，过去七劫时，有世界名曰"不动"。度母于此不动世界中示法要。其时，十方诸佛齐来灌顶，赞叹度母为出生一切诸佛之母。

修度母法者，一切罪业消灭，能救一切灾难。而且无子息者，求男得男，求女得女，求财得财，长寿富贵，皆能随愿，成就极速，无功德利益无量。

四臂观音

四臂观音是雪域西藏的守护神，藏族人由老至幼家家户户皆吟诵其六字大明咒——嗡、嘛、呢、叭、咪、吽。众藏、蒙佛教徒还把达赖喇嘛奉为观音化身。

四臂观音与文殊菩萨、金刚手菩萨合称为三族姓尊，代表大悲、大智、大力，为密乘行者人人必修的法门。

壁画中四臂观音身颜洁白如月，头戴五佛冠，发黑色结髻。中央二手合掌于胸前，捧有摩尼宝珠，右手持水晶念珠，左手拈八瓣莲花，于耳际齐。面貌寂静含笑，以菩萨慧眼凝视众生，凡被其观者，尽得解脱。全身花蔓庄严，双跏趺坐于莲花月轮上。身发极大五彩光，明朗照耀。

四臂观音每一庄严皆有所表示：一头表示通达法性，四臂表示四无量心，身白色表示自性清净无垢，不为烦恼、所知二障所障，头戴五佛冠表示五智，发黑色表示不染，五色天衣表示五方佛，双跏趺表示不住生死，手印表示不住涅槃。又中央二手合掌于胸前，表示智慧与方便合一双运。另外，右手持水晶念珠表示拨一珠即救度一众生出脱轮回，左手持莲花表示清净无烦恼。

四臂观音（壁画）

　　佛经中讲，六字明咒之利益及功德非常大。持六字大明咒，可以消除病苦、刑罚、非时死之恐惧，寿命增加，财富充盈。即使命终之时，通往下道诸门亦得而封闭，得以人、天之神受生，接触佛法，功德利益不可胜数。

弥勒菩萨

弥勒菩萨梵名"梅纪利呀"，也称慈氏菩萨，是释迦牟尼佛的补储，即未来佛。现住兜率内院说法化行，未来五十六亿七千万年后，将诞降世间成佛，济度一切在释尊出世时所没有济度的众生。这种双重身份使其兼具佛装及菩萨装两种形象，实乃一佛。

壁画中弥勒菩萨为一头二臂，身金色，两手结说法印，风空二指各拈龙华树花茎，茎上绕至肩，而苞开齐耳际，右苞置千辐金轮，左苞置宝瓶。髻顶有菩提宝塔，珠宝璎珞，天衣彩裙，极为庄严。双足下垂踏于莲花月轮上，表示迅速降生度众，安坐八大狮子所抬宝座之上。

佛经中讲，无论口诵心念，或耳闻此咒音者，自释迦灭度，至佛出世，若堕三恶道者，皆采度出之，不令堕诸恶趣。其所获福德，能成转轮法王，能生于兜率院内，弥勒菩萨前。如生其他善处，无诸障难，能得一切如愿，寿命财宝，长远丰饶，无不具足。

释迦牟尼

释迦牟尼生于印度迦毗罗国，父亲是净饭王，母亲摩耶夫人。释迦牟尼临出生前，摩耶夫人梦见一仪表非凡的男人骑着一头白象，从虚空中慢慢向她走来，从她右肋进入腹中，十个月后，就在一根无忧树下生下释迦牟尼，当时起名悉达多，是"一切义成"的意思。悉达多诞生不久，即自动行走七步，脚下出现七朵莲花，他举目眺望远方，说道："这是我在人间最后的受生，我是为了成佛，才生在人间，我是人中最伟大尊贵

的觉者，我要广度救济一切众生。"17 岁时，净饭王为他娶了
王妃，还生有儿子罗睺罗。19 岁时，悉达多没有继承王位，
而是选择漫长无边际的艰苦游历。在游历中，他接触到了各种
各样的社会现象，感受到人间患难、生老病死困扰着人类，希
望找到一条精神解脱的道路。多年之后，释迦牟尼在一棵菩提
树下，盘腿坐好，经过七天七夜不食不语，冥思苦想，悟出了
人生及宇宙的真谛，成就无上正觉的佛陀，这年他 31 岁。释
迦牟尼，意为"释迦族中的圣人"，是佛教的创始人。80 岁
时，他宣称："我八十年前四月初八降生在王宫，十九岁二月
初八出家，三十一岁十二月初八在菩提树下成道，今天是八十
岁二月十一五，我于子夜在此婆罗双树间涅槃。"涅即不生，
槃即灭，意在不生不死。

参考文献

1. 苏鲁格、那本斯来：《简明内蒙古佛教史》，内蒙古文化出版社，1999。

2. 乔吉编著《内蒙古寺庙》，内蒙古人民出版社，2003。

3. 德勒格：《内蒙古喇嘛教史》，内蒙古人民出版社，1998。

4. 杨·道尔吉：《阴山·蒙古·藏传学府——五当召史话》，包头民族事务委员会，1997。

5. 尕藏加：《西藏佛教神秘文化——密宗》，西藏人民出版社，2004。

6. 叶大匡、春德撰《调查郭尔罗斯前旗报告书》。

7. 苏博编著《历史上的郭前旗》，郭尔罗斯历史文化丛书，辽宁民族出版社，2011。

8. 陈福元翻译《郭尔罗斯前旗喇嘛寺庙情况调查》（蒙文）。

9. 陈福元翻译《郭尔罗斯前旗喇嘛品级情况调查》（蒙文）。

史话编辑部

图书在版编目（CIP）数据

妙因寺史话/张静岩编著. —北京：社会科学文献
出版社，2015.7
（中国史话）
ISBN 978 - 7 - 5097 - 6372 - 8

Ⅰ. ①妙… Ⅱ. ①张… Ⅲ. ①喇嘛宗 - 寺庙 - 史料 -
前郭尔罗斯蒙古族自治县 Ⅳ. ①B947. 234. 4

中国版本图书馆 CIP 数据核字（2014）第 187099 号

"十二五"国家重点图书出版规划项目

中国史话 · 文化系列
妙因寺史话

编　　著／张静岩

出　版　人／谢寿光
项目统筹／宋月华　谢　安　　责任编辑／张　澄　王玉霞

出　　　版／社会科学文献出版社 · 史话编辑部（010）593667143
　　　　　　地址：北京市北三环中路甲 29 号院华龙大厦　邮编：100029
　　　　　　网址：www. ssap. com. cn
发　　　行／定制出版中心（010）59366509　59366498
　　　　　　市场营销中心（010）59367081　59367090
　　　　　　读者服务中心（010）59367028

印　　　装／三河市尚艺印装有限公司
规　　　格／开　本：889mm × 1194mm　1/32
　　　　　　印　张：4　字　数：83 千字
版　　　次／2015 年 7 月第 1 版　2015 年 7 月第 1 次印刷
书　　　号／ISBN 978 - 7 - 5097 - 6372 - 8
定　　　价／25. 00 元